CW01668714

ÇA, C'EST MOI QUAND J'ÉTAIS JEUNE

Georges Wolinksi

ÇA, C'EST MOI QUAND J'ÉTAIS JEUNE

(Lettre ouverte à ma femme)

Préface de Maryse Wolinski

Éditions du Seuil

La première édition de cet ouvrage a été publiée par Albin Michel en 1978, dans la collection « Lettre ouverte ». La présente édition reprend le texte original. On y a adjoint une préface de Maryse Wolinski.

TEXTE INTÉGRAL

ISBN 978-2-7578-6472-2
(ISBN 978-2-02-129775-1, 1re publication)

© Éditions du Seuil, 2016

Le Code de la propriété intellectuelle interdit les copies ou reproductions destinées à une utilisation collective. Toute représentation ou reproduction intégrale ou partielle faite par quelque procédé que ce soit, sans le consentement de l'auteur ou de ses ayants cause, est illicite et constitue une contrefaçon sanctionnée par les articles L. 335-2 et suivants du Code de la propriété intellectuelle.

Préface

Georges est arrivé dans ma vie et il l'a animée. L'ombre des années d'enfance a fait place à la lumière. Sa lumière. Un 3 juillet, jour de notre anniversaire de mariage, cinq années après la plus belle des nuits de noces sous le ciel exceptionnellement étoilé de la Normandie, nous faisons la fête, tête à tête, dans le restaurant d'un hôtel très ancien et bien réhabilité de Séville. Je suis vêtue d'une robe longue noire, ouverte sur un côté, et lui, mon Georges, d'un costume foncé avec une cravate rose. Cravate que j'ai conservée comme il a longtemps gardé le minikilt que je portais le jour où nous nous sommes rencontrés. Deux amoureux en vacances. Il venait de publier avec succès un livre de dessins au titre évocateur : *J'étais un sale phallocrate.* Je venais d'adhérer à l'association de Gisèle Halimi, Choisir la cause des femmes, et d'accoucher de ma fille Elsa. Journaliste au *Journal du Dimanche*, j'avais suivi toutes les manifestations du MLF en faveur de la légalisation de la contraception et de l'avortement. Nous étions en pleines turbulences féministes. Souvent, Georges m'accompagnait dans les défilés, il s'amusait à mettre en valeur, par le dessin, des slogans féministes tout en continuant à jouer les machos dans les colonnes de *Hara-Kiri*. La conversation est vive ce soir-là. Entre deux verres de campo de broja, je l'affronte sur son machisme devenu légendaire. C'est alors, dans ce restaurant sévillan, qu'il a l'idée de m'écrire une lettre ouverte. Il me pose quelques questions sur ce que j'ai envie de savoir. « Tout !, lui dis-je. Tout ce qui a fait de toi ce machiste à tendance féministe. » Il rit. Il se moque, joue l'humoriste, m'apprend à rire et à ne plus craindre l'humour. Mais il ajoute : « Vais-je oser troubler tes chastes petites oreilles ? »

De retour dans notre chambre, il dessine un premier croquis. Le personnage masculin dit dans sa bulle : « Je t'écris une lettre ouverte pour que tout le monde sache ce que je n'ose pas te dire. » Et le personnage féminin répond : « Ça va être du joli ! »

Durant ce voyage en Espagne, il commence à écrire les premiers chapitres du livre. Inquiète, je l'interroge : « Que veux-tu expliquer dans ce livre, quel est ton objectif ? – Mon objectif… » Il éclate de rire. « Je veux raconter que j'ai épousé une petite poupée blonde avec laquelle je pouvais jouer et que je vis maintenant avec une femme sérieuse, féministe de surcroît. – Et tu crois que ça va intéresser le public ? – Oui, parce que je ne suis pas le seul à vivre cet état. Les hommes ont été floués. Et si le féminisme sonnait la fin du couple ? » Je me moque à mon tour : « L'homme n'est pas un ennemi. L'ennemi, c'est le beauf, l'arriéré, le borné… Ce que tu n'es pas. Reste… à te mettre au diapason de l'époque ! »

Ainsi a débuté l'écriture de cette *Lettre ouverte à ma femme*, publiée en 1978 dans la collection dédiée chez Albin Michel. Et pour analyser ce phénomène de mutation des relations hommes-femmes, Georges a ouvert sa lettre sur l'évolution de ses rapports avec la petite poupée blonde devenue une journaliste contestataire. Puis, pour mieux faire comprendre l'homme qu'il était, il a raconté son enfance en Tunisie et son admiration, dès l'âge de neuf ans, pour les femmes : ses tantes qu'il accompagnait au hammam, les héroïnes du dessinateur américain Milton Caniff, aux lèvres peintes et aux longs fume-cigarette, et, plus tard, après un début de fréquentation de la bibliothèque familiale, Lady Chatterley et « ses seins charmants et lourds », mais aussi les prostituées de Sidi Abdel Aguèche, un quartier à la périphérie des souks. L'idée que ces femmes se vendaient le troublait. Le regard qu'elles portaient sur lui le faisait fuir. Chapitre qu'il conclut par une phrase clé : « Ce trouble, cette angoisse devant les femmes et leur mystère, je n'ai jamais pu m'en débarrasser… même avec toi. »

Cette idée de la fragilité des hommes court tout au long du livre, écrit avec une grande honnêteté et une humilité certaine. Et quand Georges estime que ce que les hommes font de bien ils le font pour tenter d'épater leur femme, il n'a sans doute pas tort. Alors heureusement qu'elles existent et veillent sur eux de cet œil implacable, ouïe et mémoire infaillibles, avec en plus leurs décolletés et leurs hauts talons. Les hommes n'ont naturellement pas de volonté, suggère-t-il, mais, grâce aux femmes, ils donnent l'impression d'en avoir.

Cette *Lettre ouverte à ma femme* a eu un grand succès. Nombre d'hommes se retrouvèrent dans le portrait que Georges avait fait de lui. Des pages pleines d'amour, d'humour et de vérités tendres. Et nombre de lectrices, sans doute, tombèrent amoureuses de ce phallocrate repenti.

Aujourd'hui, après l'attentat du 7 janvier 2015, je n'ai plus que mes souvenirs de ces moments heureux. Une histoire pas comme les autres. Celle d'un homme et d'une femme qui n'étaient pas vraiment faits l'un pour l'autre, mais qui se sont faits l'un à l'autre pour former un couple indissociable. Un couple qui, quarante-sept ans durant, a su décliner tolérance et vigilance, liberté et sérénité, et surtout, amour et désir.

Maryse Wolinski

1

Le matin

JE T'ÉCRIS UNE LETTRE OUVERTE, POUR QUE TOUT LE MONDE SACHE CE QUE JE N'OSE PAS TE DIRE.
ÇA VA ÊTRE DU JOLI !
WOLINSKI

Le réveil sonne. Il est sept heures. Nous nous sommes couchés tard, hier soir comme d'habitude. J'ai du mal à me lever. Les yeux mi-clos, je te regarde te diriger vers la salle de bains contiguë à notre chambre. La tache claire de ton corps nu se détache sur les murs laqués bleus. C'est mon premier cadeau du matin.

Chaque jour est une petite vie dont j'essaie de profiter au maximum. Le soir, j'écris mon testament, et je pèse les sourires, les joies, les peines, les fatigues, les caresses, les réussites, les victoires et les humiliations de la journée écoulée. Quand le bilan est positif, je m'endors apaisé, ma main blottie sous toi. Sinon, je suis mal à l'aise, angoissé, résolu à me venger le lendemain de l'échec d'aujourd'hui, et je trouve difficilement le sommeil.

Je sais que tu en as pour une bonne demi-heure à tripoter tes petits pots, tes boîtes en laque, tes pinceaux minuscules, tes houppettes, et à faire pschitt, pschitt, avec tes vaporisateurs. Je me rendors.

Tu vas et tu viens dans la chambre. Tu frôles mes draps, ouvres ta penderie. Le grincement de la porte me sort de mon demi-sommeil. Tu choisis tes vêtements, en fonction du temps, de la saison, de ton humeur et des personnes que tu vas voir. Tu réfléchis, tu hésites. Je pourrais toucher, en tendant le bras, ta cuisse si lisse. J'en ai envie. Je l'aurais fait il y a quelque dix années, lorsque je t'ai connue. Je t'aurais sans doute pris la main et attirée dans le lit. Et nous nous serions aimés…

À l'époque, je te considérais comme une poupée avec laquelle j'avais toujours le droit de jouer. Je ne me lassais pas de te faire l'amour, parfois dans les endroits les plus divers et les plus inattendus. Arrêtant l'auto sur la route pour m'enfoncer dans les fourrés avec toi. Je profitais à ce moment-là, et sans complexe, de la supériorité que me donnaient les neuf ans que j'ai de plus que toi.

Non seulement tu me laissais faire, mais tu me provoquais bien souvent. Aujourd'hui, tu n'es plus la même. Je me méfie de tes réactions. Tu enfiles ta lingerie. Je connais par cœur tes gestes précis et la façon que tu as de t'assurer que ton collant ne fait pas de plis.

Il y a dix ans, tu ajustais tes porte-jarretelles en broderie anglaise. Comme tous les hommes je trouvais ça excitant, et je regrette les moments troublants où la main glissée sous la jupe trouvait, au-dessus du bas, la peau douce.

Ton corps de jeune femme des villes n'a pas beaucoup changé. Tu as passionnément besoin d'être parfaite. Je ne t'ai jamais prise en flagrant délit de négligence. Toujours impeccable. L'escarpin bien verni, la jupe tombant souplement avec de jolis plis, le chemisier soyeux, les bijoux soigneusement assortis, les cheveux subtilement décolorés, les ongles manucurés, le parfum discret.

Quelle que soit l'heure à laquelle tu t'es couchée la veille, quel que soit ton état de fatigue, tu consacreras le temps qu'il faut pour que l'image que tu vois dans la glace te satisfasse. Tu es prête. Tu sors de la chambre, laissant derrière toi une délicieuse odeur de *Jicky*.

Tu vas maintenant t'occuper de notre petite fille avec la patience et l'impatience qui te caractérisent. Patience, parce que tu laisses notre petit monstre à peu près libre de toutes contraintes. Impatience, parce que la gosse en profite au maximum. Traînaillant, mettant un temps infini à manger. Prenant un plaisir certain à t'entendre crier : « Je n'en peux plus ! De bon matin, j'ai le cœur qui bat ! Cette enfant est insupportable ! Mange, enfin ! Dans une heure, j'ai un rendez-vous à Dreux. Georges, comment va-t-on à Dreux ? C'est comme pour aller chez ma mère ? Mange ! »

« Lis-moi une histoire, dit Elsa, imperturbable.
– Oui, je vais te lire une histoire, mais mange ! »

Pendant qu'à la cuisine Elsa termine péniblement ses corn-flakes en écoutant les aventures de Petzi, je peux me lever tranquillement et me débarrasser de mon érection matinale en allant pisser. Je branche le transistor, et je me rase en regardant sans grand plaisir ma gueule dans la glace. Je me suis empâté et dégarni. J'aurais aimé ressembler à Lucky Luke. Malheureusement, je ressemble plutôt à Charlie Brown. Je n'aimerais pas retourner en arrière. Mon âge me convient. Mais ça m'emmerde de vieillir. Si je pouvais bloquer le compteur sur les quarante-quatre ans ! Avoir quarante-quatre ans jusqu'à la fin de mes jours !

Tu entres dans la salle de bains en écartant les perles de bois du rideau. Bien sûr, tu es pressée. Tu me récites ton programme pour la journée : « J'accompagne Elsa à l'école. Je dépose la liste des courses. Je prépare mes interviewes. Entre deux rendez-vous cet après-midi, je passerai à la banque… » Mais dans un moment, je ne me souviendrai de rien. Pendant que tu parles, j'écoute les informations de huit heures. La petite entre en trombe, je lui mets du savon à barbe sur le nez. Elle s'enfuit en hurlant de joie et commence à cabrioler sur le lit. Ce n'est évidemment pas le moment. Tu arrives à l'attirer dans sa chambre et vous marchandez âprement toutes les deux la tenue de la journée. Mademoiselle a des idées très arrêtées. Il est parfois difficile de lui faire comprendre qu'on ne met pas de short en hiver.

J'écarte le rideau, laissant derrière moi s'entrechoquer les perles en bois. Ce geste et le bruissement provoqué me ramènent des années en arrière. À Tunis, pour entrer chez le coiffeur, il fallait écarter un semblable rideau chasse-mouches. Pendant que le coiffeur lui faisait, à la tondeuse, une coupe soigneusement dégradée, le petit garçon que j'étais lorgnait les publicités où de belles dames entrouvraient des lèvres rouge « Baiser », sous des indéfrisables de béton.

Je vais me préparer un café à la cuisine.

Nous descendons ensemble dans la cour. J'ouvre le porche. Je te sors l'auto. Tu as souvent des difficultés avec ta marche arrière. Tu ne sais pas non plus ouvrir les boîtes de conserve, allumer la chaudière, déboucher une bouteille, changer une prise et je te vois mal tirer au revolver.

Moi, je ne mets pas correctement le couvert, je ne couds pas ni ne repasse. Question d'éducation !

Tu baisses la vitre, c'est la première fois que tu me regardes vraiment de la matinée. Tu me souris. Je sais que ce moment est très important pour toi. Si j'ai l'air indifférent, tu me téléphoneras plus tard, de n'importe où, pour te plaindre que je ne t'aime plus. Je t'embrasse légèrement, afin de ne pas abîmer le délicat tableau pastel de ton visage. Je fais une grosse bise à Miss. L'auto s'éloigne. Un dernier geste de la main. Je suis seul.

Je vais acheter les quatre quotidiens que je lis en diagonale chaque matin. Cette petite marche et les trois étages sont souvent mon seul exercice de la journée…

2

Le poids des regards

WOLINSKI

J'aime le matin. Le matin, mes idées sont claires. Je crée. J'entreprends. Je me sens fort. Le soir, je déconne, je rêve, je bois, je doute de moi, je fantasme et je regarde la télévision. Le soir, c'est l'heure calme où mes pensées sont confuses.

Dans la rue, les femmes qui partent travailler ont le visage reposé. Leurs cheveux sont bien peignés. Les chemisiers gardent encore les plis du repassage et une vague odeur de lavande.

Je ne peux pas m'empêcher de regarder les femmes. C'est une vieille habitude. Cela t'agace. Je le sais. Tu me l'as souvent fait remarquer. Surtout dans les premiers temps de notre vie commune. Je les détaillais ingénument avec insistance. En auto, je les suivais du regard. Lorsque je me tournais vers toi, je surprenais ton air furieux. À présent, je me montre plus discret. Toutefois, je reste persuadé que si l'homme a des yeux, c'est avant toute chose pour voir les femmes ! Je donne la vision de tous les couchers de soleil sur Venise pour celle d'un cul de femme. J'ai souvent dessiné un homme debout, à la pointe extrême d'une falaise, se détournant d'un coucher de soleil sur la mer pour contempler le cul d'une femme.

Je ne regarde plus les femmes avec autant d'insistance, mais je leur jette tout de même un coup d'œil. Notant presque inconsciemment les détails intéressants. Ce roulis sous le tee-shirt d'une élève des Beaux-Arts signifie qu'elle n'a pas de soutien-gorge. Elle se dirige vers l'école toute proche, son carton sous le bras, tortillant son gros derrière dans un jean délavé, trop serré.

Les vendeuses du célèbre magasin de décoration sont déjà en train de s'affairer, leurs carnets de commande à la main. Les rombières des quartiers chics vont commencer à déferler pour acheter des kilomètres de papier japonais fabriqué par des petites nanas aux yeux bridés et aux cuisses courtes et musclées comme on en voit de plus en plus à Paris. Elles ont le bon genre obligatoire, ces malheureuses vendeuses pour duplex style *Jours de France*. Mais leurs jupes sont fendues assez haut, et c'est surprenant ces tenues strictes, un peu sévères, s'ouvrant soudain sur une peau fugitive.

Sur la place, les élèves d'un cours commercial attendent tous les matins, au milieu des pigeons et des bouteilles vides, épaves de la nuit, l'heure d'aller à leurs cours sans doute chiants. Les plus mignonnes sont entourées par des galopins assez hirsutes, appuyés sur des vélomoteurs cradingues. C'est curieux, plus je vieillis, moins je suis sensible au charme pervers des minettes.

C'est con, une jeune fille. Ça a le cerveau et la culotte mal lavés. Ça rit et pleure comme une folle. Ça s'empiffre. Ça se ronge les ongles. Ça se tient mal, raide, embarrassée ou mollasse, vautrée, feignasse. Ça s'enthousiasme pour tout ce qui est bidon, tout ce qui est plagiat. Ça découvre Jean-Paul Sartre et la pop-music, Giraudoux et l'amour fou. Pour elles, un homme de quarante ans est un vieillard. Vous n'existez pas. Vous n'êtes rien. Un vieux dégarni avec de la brioche et des yeux brillants vicelards. Pauvres petites connes gloussantes et comédiennes, toujours en représentation, affectant les regards froids des mannequins de *Vogue*. Je me demande comment elles baisent avec leurs chevelus débraillés-cradingues ou avec leurs technocrates fringués-bagnole. Je crois que tout ce petit monde fait l'amour comme il fume pour imiter les grands. Mais cette rage du cul qui m'habitait à leur âge, amplifiée par la frustration d'une époque qui ne connaissait pas la pilule, la connaissent-elles ?

Un être casqué me double en vrombissant sur une motocyclette. Je me retourne. C'est bien ce que je pensais : une longue mèche blonde sort du casque. Sous le jean pointe le haut talon d'une botte et sur la selle, épanouies et rondes, ce sont les fesses d'une femme serrées dans ce merveilleux écrin qu'est le jean. Pas un centimètre de sa peau n'est visible dans cet assemblage étrange de métal, de caoutchouc, de cuir et de plastique, et pourtant elle semble nue et offerte, comme si elle chevauchait un amant. Elle est loin. Déjà.

Si on pouvait calculer le poids des regards… Je me demande combien de kilos de regards d'hommes une femme totaliserait à la fin de sa journée. Regard décontracté du quadragénaire heureux en ménage que je suis. Regard en biais du laveur de vitres yougoslave, regard faussement impassible du flic, regard salingue du concierge surveillé par sa moitié gélatineuse, regard affamé de l'adolescent complexé, regard résigné du travailleur immigré, regard expert du camionneur du haut de sa cabine décorée de pin-up, la jupe retroussée de la conductrice de R5 qui transpire sur son siège. Regard évaluateur du dragueur persuadé que sur cent il y en a toujours une qui marche. Regard du conducteur d'autobus fixant plus les transparences de ses voyageuses que la carte orange qu'elles lui montrent, et qui tourne son volant en soupirant de ne pouvoir faire quelque chose pour son sexe durci par les trépidations du moteur.

Une créature tangue devant moi, toutes voiles dehors comme une frégate. Les hanches en vadrouille révèlent à chaque pas la rondeur des fesses dans le creux desquelles s'accroche la soie légère de la robe. En dessous, elle ne doit porter qu'une culotte ultra-légère, ou rien. L'écharpe nouée sur une épaule, le sac se balançant sur l'autre, les cheveux fous coupés par un coiffeur pédé. Les seins s'agitant en avant. Ses talons hauts claquent sur le trottoir. Je la dépasse sans essayer de regarder un visage peut-être décevant.

Je serais malheureux dans une société qui refuserait la coquetterie, les hauts talons, les tissus transparents, les parfums, les pantalons qui moulent les fesses. Je ne pense pas être le seul de mon espèce.

3

Le tabou du poil

SIMONE DE BEAUVOIR
WOLINSKI

Je serre la main de mon ami, le kiosquiste barbu. Comme tous les matins, nous constatons que nous en avons plein le cul de ces cons qui nous font chier.

Les cons, ce sont les riches parce qu'ils sont riches, les pauvres parce qu'ils sont pauvres. Les flics, les ministres, les critiques de cinéma qui racontent la fin des films, et quelques journalistes qui nous déplaisent particulièrement.

Le kiosquiste me donne mes journaux. J'ai le regard qui dérape sur les couvertures de *Playboy*, *Penthouse*, *Lui*, *International*, *Absolu*, etc. Partout des seins, des croupes, des dents blanches, des langues, des sexes. Depuis quelques années, les kiosques à journaux ressemblent à des sex-shops. Les revues sérieuses sont planquées. Celui qui veut acheter *Aviation-Magazine* ne sera pas gêné pour le réclamer. Tandis que l'acheteur d'*Homo* préférera le montrer du doigt et le payer sans rien dire. Je feuillette *Playboy* et regarde le dépliant central où s'exhibe une créature aux formes sculpturales, les cuisses largement ouvertes.

J'ai une pile de *Playboy* dans mon bureau, dont certains sont fort anciens. Avec une curiosité amusée, j'ai suivi l'évolution de ces revues pour hommes. Les choses ont bien changé depuis mon adolescence, lorsque, la bouche sèche, je regardais les photos bistres de *Paris-Hollywood* où des filles barbouillées de rouge à lèvres montraient leurs seins mais cachaient leur ventre d'une cuisse pudique. Je préférais toutefois *V. Magazine*, journal plus ou moins naturiste, où les modèles ne ressemblaient pas à des prostituées. Ensuite j'ai travaillé à *Hara-Kiri*. Nous photographiions des filles nues, mais toujours en évitant de montrer les poils. Sincèrement, je n'aurais jamais cru que ce tabou du poil, encore inflexible dans beaucoup de pays, comme le Japon par exemple, sans parler de l'Afrique, serait si facilement transgressé et accepté chez nous. À *Hara-Kiri*, nous avions eu les pires ennuis, il y a quinze ans, pour avoir montré la photo d'une petite fille, la culotte un peu trouée. À la même époque, le journal *Lui* fut interdit à l'affichage parce qu'on voyait le bout des seins de ses mannequins. Cela fait sourire de nos jours, où les revues pour hommes font écarter démesurément les jambes des filles qu'elles offrent au voyeurisme de leurs lecteurs.

Mais très vite, voir l'ombre du sexe n'a pas suffi. Dans un journal américain comme *Hustler*, interdit en France mais dont je possède quelques exemplaires, les sexes sont présentés, ouverts, dépliés, béants, étranges comme des orchidées ou des anémones. Le directeur de ce journal justifie cet étalage jugé insupportable par la plupart des femmes en déclarant dans ses éditoriaux : « Nous montrons des sexes de femmes parce qu'il y a des hommes qui aiment les voir et qu'il y a des femmes qui ne détestent pas les montrer. Ceux qui nous critiquent sont des hypocrites et des bigots. D'ailleurs, ajoute-t-il, je vais vous donner un exemple de la vraie pornographie. » Et il publie d'horribles photos de guerre avec des cadavres déchiquetés. « Voilà, conclut-il, ce qui est laid, répugnant, horrible : c'est la guerre. Les hypocrites qui combattent la pornographie sont pour les valeurs guerrières. »

Il faut reconnaître que son raisonnement se tient. Aux dernières nouvelles, cet homme courageux, après avoir sombré dans le mysticisme, aurait été flingué et serait paralysé dans une petite voiture. On ne rigole pas avec la morale aux U.S.A.

« Regarde un peu, dis-je admiratif au barbu, tu as vu la chatte de celle-là ? » Mon copain barbu jette un coup d'œil expert. Il l'avait déjà vue, bien sûr, mais pour me faire plaisir, il pousse un grognement d'admiration. Nous contemplons ensemble une créature au visage plutôt sévère, un peu rêveuse et lointaine, vêtue d'une robe stricte, fort élégante, portant des bijoux discrets, assise sur un sofa dans un appartement meublé avec goût, écartant des cuisses aristocratiques et révélant un sexe délicatement entrouvert, ombragé par une formidable toison frisée.

Je reviens chez moi, mes journaux sous le bras. Je songe à un autre barbu de mes amis. Il y a une dizaine d'années de cela, on m'avait prêté quelques *Private*, revues pornographiques suédoises auxquelles on pouvait s'abonner en ces temps anciens où la pornographie était non seulement interdite, mais impensable en France. La grande nouveauté de ces revues consistait à mettre au service de la pornographie toutes les ressources de la technique photographique et de la reproduction en quadrichromie, sur beau papier glacé. Les Suédois ne lésinaient pas sur les effets de grand angle. On prenait les sexes en pleine gueule. Autre nouveauté, les filles n'avaient pas forcément l'air d'être des professionnelles. Plutôt des étudiantes ou des hôtesses, que l'on devait hésiter à rétribuer tellement elles semblaient contentes de se faire enfiler par tous ces gaillards tatoués. Mon ami, la barbouze frémissante, tourna lentement les pages des revues, puis très simplement me dit : « Excuse-moi, il faut que j'aille me branler. – Je t'en prie, lui répondis-je, fais comme chez toi. » Il s'engouffra dans les toilettes, les *Private* à la main, et revint dix minutes plus tard les jambes flageolantes.

Beaucoup d'hommes découvraient grâce à ces revues un paysage qui leur était inconnu. C'est plus facile de faire l'amour à une femme que de lui avouer qu'on a envie de regarder son sexe. Voilà pourquoi tous ces hommes silencieux, entre deux âges, tous ces travailleurs immigrés venant de pays dirigés par des canailles méprisantes alliées à des fanatiques religieux, viennent contempler en gros plans, dans nos cinémas, le spectacle inouï d'immenses queues fouillant de prodigieuses fentes. Ces gens-là, pour la plupart, sont de braves pères de famille privés d'amour ou qui ne connaissent que les étreintes et les attouchements dans la pénombre du samedi soir. Ce que je regrette, c'est que les films pornographiques soient si médiocres, si avilissants pour les pauvres filles qui gagnent ainsi misérablement leur vie. Mais je ne méprise pas les hommes qui fréquentent les salles spécialisées. Ce sont mes frères.

Peut-être la jeunesse actuelle, celle des villages, qui va en bande rigoler nerveusement au cinéma porno de la ville la plus proche, les étudiants dont les amies, de l'âge de ma fille aînée, dénudent tout naturellement leurs seins sur les plages et prennent la pilule, arrivera-t-elle à se libérer de cette obsession du sexe que vous comprenez mal, vous autres femmes, et qui a empoisonné – ou illuminé selon les moments – toute ma vie.

4

Les choses bougent

LES HOMMES NE M'INTÉRESSENT PLUS DU TOUT
MOI NON PLUS ?
TOI, C'EST PAS PAREIL. JE T'AIME
Wolinski

Lorsque je t'ai connue, dans un journal de la grande presse parisienne où tu travaillais, tu t'intéressais déjà aux problèmes sociaux et à la question féminine.

Le féminisme français naissait à peine, sorti tout droit des barricades de 68. La grande bataille était celle de l'avortement et de la contraception. Tu étais à Bobigny lorsque la jeune Marie-Claire, qui s'était fait avorter avec la complicité de sa mère, a été relaxée. Procès-détonateur. Tu étais encore le lendemain à la première manifestation des femmes à la Mutualité. Des mouvements se créaient : « Choisir », le « M.L.A.C. ». Le mouvement de libération de la femme se diversifiait. Tu y adhérais. Les militants du M.L.A.C. pratiquaient des avortements en présence de certains journalistes, pour prouver l'efficacité de la méthode qu'ils venaient d'importer : celle de l'Américain Karman. Tu assistais à l'un d'eux et tu persuadais ton directeur d'en faire la dernière page du journal.

Le contact avec les militants du M.L.A.C., constitué de gens désintéressés, politisés et sympathiques, t'a fait réfléchir. Il t'a rendu odieuses les difficultés, devenues dans le même temps de plus en plus grandes, que tu avais à faire passer tes articles dans cet hebdomadaire voué aux potins de cinéma, au tiercé, à la bouffe, au reportage bidon et au soutien inconditionnel du gouvernement, quel qu'il soit. Autour de toi, dans la salle de rédaction, des journalistes parisiens, c'est-à-dire un mélange sympathique de cynisme, de lâcheté et de trouille intense de perdre son beefsteak, avec en prime parfois du talent, mais ce n'était pas indispensable.

Tu ne t'ennuyais pas. C'est marrant, la vie d'un grand journal. Toutes les salades, les mic-macs, les coucheries, les coups de gueule, les scandales. Mais tu perdais ton temps. Je t'aidais à en prendre conscience et, après la naissance de notre fille, je t'ai poussée à donner ta démission. Tu me l'as souvent reproché pendant les années qui ont suivi. Je crois qu'à présent, tu te félicites d'avoir pris cette décision courageuse.

Ce qui t'a fait le plus souffrir, m'as-tu révélé, c'est d'être du jour au lendemain coupée du monde. Le téléphone ne sonnait que pour moi. Ton carnet de rendez-vous était vide. Le courrier se tarissait peu à peu. Ton compte en banque se vidait. Tu n'étais plus que « Mme Wolinski ».

Coincée entre deux orangers dans le jardin du Luxembourg, tu te culpabilisais de trouver le rôle de mère au foyer emmerdant. Tu avais l'impression de perdre ton temps. Une fois de plus tu m'en voulais.

Ce ne fut pas une période très facile pour nous deux. Mais peu à peu, tu te fabriquais une nouvelle vie et tes propres difficultés te donnèrent l'occasion de réfléchir sur la condition des femmes. Tu as commencé à écrire quelques articles pour *Choisir*, le journal du mouvement féministe du même nom. Puis, comme tu étais disponible, tu en as assumé pendant un an la rédaction. C'est alors que je t'ai vue te transformer et, surtout, découvrir les femmes.

En effet, je crois qu'au-delà des luttes et des revendications, ce qui me paraît important dans le féminisme, c'est le fait que les femmes ont découvert l'amitié. L'amitié entre hommes est une chose normale. Il y a les copains de lycée, les copains de régiment, les copains de bureau. Les femmes ne savaient pas qu'elles pouvaient avoir des copines marrantes avec lesquelles on fait des gueuletons et qui vous racontent leur dernier coup. Lorsque je t'ai connue, tu ne te plaisais qu'au milieu des hommes, de leurs plaisanteries et de leurs désirs. À présent, tu ne fréquentes pratiquement que des femmes, tu n'interviewes que des femmes, tu ne t'intéresses qu'aux femmes. Dans la rue, tu ne regardes que les femmes. Tu es heureuse et souvent séduite lorsque tu fais connaissance avec ces personnalités féminines qui prennent une part croissante dans l'organisation de notre société. Tu as à juste titre l'impression enivrante que tu vis à une époque où les choses bougent pour ton sexe, et que ton action sert à quelque chose.

La moindre réussite d'une femme te comble de fierté et te confirme dans l'idée que si les hommes n'avaient pas confiné leurs compagnes dans un rôle de reproductrice, la face du monde en aurait été changée.

Personnellement, je ne suis pas certain que si les femmes avaient le pouvoir, elles feraient moins de bêtises que les hommes. Si elles paraissent moins superficielles, moins vaniteuses, moins sensibles aux honneurs que nous, c'est justement parce que nous les avons toujours reléguées au rang de faire-valoir. Cela leur a permis de prendre du recul. Je n'ai jamais douté que les femmes étaient les égales des hommes. Égales non seulement pour les qualités, mais aussi pour les défauts. Je les crois aussi capables que nous de connerie, d'ambition, de volonté de puissance et de folie criminelle. Cela dit, la justice n'en exige pas moins qu'elles aient leur part équitable de responsabilité dans notre organisation sociale, politique, scientifique, économique, universitaire et, pourquoi pas ? militaire.

Pourquoi n'y aurait-il que des vieux hommes sinistres dans les aréopages de chefs d'État qui gouvernent le monde ? Les vieilles femmes sinistres ont bien le droit de rigoler elles aussi !

J'ai beau être pessimiste, je t'aide, je te comprends, je participe humblement à ta lutte en déplorant toutefois qu'elle me complique l'existence. Je sais que tu ne m'en veux pas pour si peu, mais je ne peux pas m'empêcher d'être un phallocrate. Pourtant, je lutte.

5

La femme de mes rêves

J'AIMERAIS FLIRTER AVEC TOI COMME QUAND ON ÉTAIT JEUNES
ÉCOUTE, GEORGES SI TU AS ENVIE DE FAIRE L'AMOUR, DIS-LE TOUT DE SUITE. PARCE QUE DANS UNE HEURE JE DOIS ÊTRE À MELUN
Wolinski

Et pourtant. Pourtant, je ne sais pas, je ne sais plus vivre seul, voyager seul, aller seul au restaurant, dormir seul et contempler seul un coucher de soleil. J'ai besoin de te savoir près de moi, avec tes quarante-quatre kilos de chair tiède enrobée dans des tissus soyeux, avec ton regard direct, ta précision, ton manque d'humour et tes rires en cascade. J'aime vivre dans ta chambre à coucher et me raser dans ta salle de bains au milieu de ta boutique de produits pour les yeux, les pieds, les mains, les cheveux, les ongles, la peau sensible, etc.

Nous ne nous sommes pratiquement pas quittés depuis dix ans, je ne crois pas que nous ayons passé plus de trois nuits dans des lits différents. Nous formons ce que je crois être la moins mauvaise association possible : un couple.

Attendri, je contemple une culotte minuscule qui sèche sur le radiateur.

Un couple ! Une femme ! Rien que pour moi, une femme pour chauffer mon lit et me faire des réflexions lorsque je bois trop ou lorsque je dis des grossièretés. Quel bonheur !

Comme j'ai pu rêver de toi quand j'étais jeune ! Comme je t'imaginais ! Douce, éperdue, blottie dans mes bras puissants…

Combien de fois t'ai-je arrachée aux griffes des barbaresques, aux mains des gangsters, à la marmite des cannibales, aux désirs brutaux des marins avinés, aux chutes du Niagara, te ramenant sur la berge, tes vêtements collés à ton corps, ton corps collé au mien.

Le scénario de mes rêveries du soir dépendait du dernier film ou de la dernière lecture. Chaque nuit, le sexe à la main, je m'endormais en pensant à toi. Mais si mon sexe était dur, mes pensées n'étaient que douceur. J'avais un peu honte des réactions de mon corps. J'avais surtout soif de tendresse, de complicité, de caresses. J'avais du mal à comprendre ce que pouvait être la sexualité, mes désirs les plus fous ne dépassaient pas la ceinture. Je croyais que la vie, c'était comme au cinéma : quand on aimait une femme, on l'embrassait sur la bouche, en rangeant bien poliment sa langue dans le tiroir du fond pour ne pas l'importuner avec sa salive, et on la serrait convulsivement contre soi en attendant que le film s'arrête.

6

L'enfance d'un futur phallocrate

TU VOIS ÇA, C'EST MOI QUAND J'ÉTAIS JEUNE
TU N'AS PAS CHANGÉ
WOLINSKI

Si tu veux comprendre mes réactions et finalement mon agacement vis-à-vis de la transformation qu'a opérée sur toi le féminisme, il faut plonger un peu dans mon passé.

Je suis né dans une ville pleine d'odeurs, de bruits et de soleil : Tunis. Grosse bourgade poussiéreuse, sillonnée par un tramway brinquebalant. J'habitais le quartier européen qui ressemblait à n'importe quelle ville du Midi. La ville arabe était un autre monde, complètement étranger et fermé. Mon père mourut très tôt. Ma mère tomba malade, et dut aller se faire soigner en France, nous confiant, ma sœur aînée et moi, à la garde de mes grands-parents. La guerre éclata, nous fûmes séparés et sans nouvelles d'elle pendant plusieurs années.

Mon grand-père était pâtissier et fort réputé pour ses chocolats.

Je me souviens d'une existence calme et heureuse dans un appartement très sombre situé au rez-de-chaussée d'un immeuble de la rue de Marseille. Les meubles étaient massifs. La salle à manger de style Louis XIII me servait de chambre, un divan dans un coin, de lit. Je travaillais sur la grande table, rangeant mes affaires à l'heure des repas. J'étais très sage. Je dessinais tout le temps. Je lisais beaucoup et rêvais énormément. Mes distractions et étourderies sont légendaires dans la famille. « David » mon grand-père et « Allégrina » ma grand-mère étaient fort unis. Tout le monde connaît l'importance de la famille dans les milieux nord-africains.

Ma grand-mère était au centre de la tribu. Respectée de tous, elle était la détentrice des secrets, secrets de famille, secrets de cuisine qu'elle enseignait à ses filles, secrets de médecine. On appelait fort peu le médecin. Ma grand-mère savait soigner toutes les maladies bénignes. Elle y prenait un plaisir certain, plus ou moins sadique, nous administrant aspirine, tisanes, lavements, nous passant du bleu de méthylène dans le fond de la gorge, nous mettant du savon dans le derrière en guise de suppositoire pour nous déconstiper ou nous servant des rasades d'huile de ricin, immédiatement suivies d'un café très sucré, « pour faire passer le goût ». Des années durant, je n'ai pu boire du café sans me souvenir du goût écœurant de l'huile de ricin. En compensation, pendant les convalescences, elle nous cuisinait amoureusement du bouillon de poulet avec des petites pâtes et des purées exquises.

Une femme devait savoir tout faire en ce temps-là : couture, tricot, repassage, etc. Pour les gros travaux, même les plus pauvres disposaient d'une femme de ménage italienne ou arabe. Il était très rare qu'une femme « bien » ait une profession. C'était bon pour les « Françaises de France », infirmières ou secrétaires dans l'administration.

Les hommes gâtaient leurs épouses et les couvraient de bijoux lorsqu'ils étaient riches. Au contraire des petits bourgeois français, une certaine ostentation très méditerranéenne était la règle. Beaucoup d'épate, d'élégance dans la tenue vestimentaire et de vantardise. Pourtant, nous vivions simplement.

Tout ce petit monde, lorsque j'y repense, était bien prude. Jamais nous ne disions de gros mots, même « merde ». Jamais devant les enfants on ne parlait, ni même plaisantait sur le sexe. Les femmes restaient beaucoup à la maison. Les hommes travaillaient, allaient au café, jouaient aux cartes et faisaient les malins. En été, tout le monde se retrouvait sur la plage. La vie semblait facile.

Mes oncles étaient sympathiques, pleins de vie, pas cons. Je les aimais beaucoup, et ils me traitaient avec gentillesse, s'intéressaient à moi. Leurs femmes étaient souvent jolies, avec des sœurs ravissantes mariées à de gros types olivâtres et tristasses, négociants pour la plupart. Je ne pense pas qu'elles les trompaient, car tout le monde se surveillait un peu. Et les femmes infidèles, dans ce pays marqué par l'Islam, étaient montrées du doigt. Mais elles étaient nerveuses, hurlantes et gémissantes, toujours au bord de la crise de nerfs, et assez futiles, les pauvres chéries.

J'avais dix ans. Je me débrouillais déjà pour les regarder sous leur meilleur angle, appréciant la finesse de leur nuque ou la beauté de leurs dents, habile déjà à surveiller les effets de contre-jour ou à glisser un œil dans un corsage un peu décolleté.

Chaque vendredi, la famille se réunissait chez l'un ou chez l'autre, mais le plus souvent chez mes grands-parents.

Ma grand-mère cuisinait toute la journée sur son vieux fourneau dans une cuisine assez cradingue, où la nuit, quand j'allais boire à la gargoulette, de nombreux cafards sortaient des carreaux brisés.

À quatre heures, ma grand-mère mettait une robe à fleurs par-dessus son corset rose, se coiffait d'un invraisemblable chapeau qu'une modiste lui renouvelait chaque année, assemblage étrange de paille, de tulle et de plumes d'oiseaux, puis, juchée sur ses hauts talons – elle était petite et grosse –, elle s'en allait fumer une cigarette fixée dans un fume-cigarette en argent à la pâtisserie. Jamais je ne l'ai vue aider à la vente, toucher à la caisse ou faire quoi que ce soit d'utile sur le plan commercial. Ce n'était pas son rayon, le sien était la famille. Le magasin était l'affaire de mon grand-père. Il y passait sa vie et y recevait avec beaucoup de courtoisie ses clients.

Lui aussi d'ailleurs, je ne l'ai jamais vu servir ou encaisser de l'argent. Il employait pour ça les caissières et les vendeuses, des Italiennes appartenant à la maison depuis des années.

Les fêtes religieuses étaient des occasions pour se retrouver en famille et organiser de copieux repas. Le Noël chrétien et la Pâque juive étaient célébrés sans complexe de la même façon. À Pâques, un berger berbère arrivait du Sud, traînant un agneau et portant des couffins d'oranges. C'était un ami arabe de grand-père qui ne manquait jamais de lui faire ce cadeau amical. On tuait la pauvre bête et, pendant deux jours, nous mangions des côtelettes et de délicieuses merguez.

La famille était gaie, traversée parfois par des drames qui la laissaient meurtrie comme après une tempête, drame de la mort de mon père assassiné à coups de revolver, en 1936, par un des ouvriers de la petite entreprise de fer forgé qu'il avait montée grâce à l'aide de mon grand-père. Ce qui m'a valu pendant des années d'entendre cette réflexion de la « Nonna », ma grand-mère : « Quand je pense que ton père a été tué par des communistes et que ton oncle… » Elle ne continuait pas, elle avait trop honte de dire que Victor, l'aîné, était membre du parti communiste italien de Tunis, auquel il militait très aristocratiquement, vêtu de gabardine réséda. Pendant longtemps, il fut fâché avec la famille.

Son mariage avec Gilda, jolie Italienne catholique, n'arrangea pas les choses. Gilda était une ancienne vendeuse de magasin et la « Nonna » considérait ce mariage comme une mésalliance.

La guerre devait bouleverser définitivement l'équilibre précaire de cette petite société, amenant la décolonisation, dispersant la famille, expédiant l'oncle Victor en camp de concentration, tuant mon jeune oncle Lucien, engagé dans les commandos français malgré sa nationalité italienne. C'était fini.

Nos enfants ne sauront plus ce qu'était la vie des Européens d'Afrique. C'est un monde englouti comme l'Atlantide et qui ne reviendra jamais. Un monde où la vie était facile pour ceux qui avaient un peu. Très difficile pour ceux qui n'avaient rien. Un monde plein de préjugés, de mesquinerie, de principes et de racisme imbécile, mais qui était très rigolo.

Les Juifs italiens ne se mélangeaient pas avec les Juifs tunisiens. Seules quelques filles non dotées acceptaient ce déshonneur. Quant aux Arabes, l'idée d'en avoir un dans sa famille était obscène. Les Français de l'administration vivaient à part. Les Siciliens, les Maltais, les Corses formaient des confréries très fermées.

Je n'ai jamais eu d'amis arabes étant jeune. À cette époque, il y avait comme une barrière entre eux et moi. En revanche, mon grand-père, homme très estimé pour sa bonté et son humour, en recevait souvent à la pâtisserie. Je les aimais bien. Ils m'embrassaient, me tendaient une joue rugueuse et riaient avec mon grand-père en me regardant. Assis pendant des heures, ils savouraient leur café. Leurs gandouras étaient d'une blancheur immaculée et sentaient bon la laine. Je ne comprenais pas le sujet des longues conversations entrecoupées de silences qu'ils avaient avec mon grand-père. Je ne parlais pas l'arabe. Au lycée de Tunis, l'arabe n'était pas obligatoire. Rien que ce détail montre le mépris de l'administration française pour le pays qu'elle colonisait.

À la maison, on nous parlait français, parfois italien. Mes grands-parents ne parlaient arabe entre eux que lorsqu'ils ne voulaient pas que ma sœur et moi puissions comprendre. Ou alors lorsqu'ils s'engueulaient. L'arabe est une langue merveilleuse pour s'engueuler.

Les femmes arabes étaient toutes strictement voilées. Comme je n'étais pas encore vraiment considéré comme un homme, elles ne faisaient pas attention à moi lorsqu'elles soulevaient leurs voiles pour déguster un des gâteaux de la pâtisserie. Elles étaient souvent très belles, avec une peau blanche et des yeux magnifiques.

Mon grand-père m'aimait beaucoup. Il adorait me prendre dans ses bras et me raconter des histoires de Jha (prononcer *Chraa*). Tout le monde connaît Jha à Tunis comme tout le monde connaît Oin-Oin en Suisse. Voici un exemple d'histoire attribuée à ce bouffon populaire. « Un jour, Jha et un de ses amis décident d'aller voler des fruits dans le jardin du bey. Surpris par les gardes, on les traîne devant le bey courroucé. Il fait ouvrir le sac de Jha qui était rempli de dattes et proclame : "Pour ta punition, Jha, on va te mettre toutes ces dattes dans le derrière." Aussitôt dit, aussitôt fait, mais plus on fourrait les dattes dans le derrière de Jha, plus il riait. Le bey fait arrêter la séance et dit à Jha : "Comment, Jha, on t'enfonce des kilos de dattes dans le derrière et tu ris ?" » À cet instant mon grand-père avait du mal à finir tellement il riait lui-même et, comme nous connaissions l'histoire par cœur, nous criions plus fort que lui la suite. « Seigneur, disait Jha en pleurant de rire, je ris à la pensée de ce qui va arriver à mon ami lorsque vous allez ouvrir son sac, parce qu'il a volé des melons. »

Si le sexe était tabou, le « derrière » était un sujet inépuisable de plaisanteries. Les blagues franco-italiennes aussi. Comme l'histoire du Français qui entre dans un restaurant italien et qui, ne sachant lire la carte, répond au garçon qui lui demande ce qu'il désire : « C'est égal. » Le garçon perplexe va voir le patron et lui dit : « Il y a là un client qui veut manger sept coqs (*sette galli*). » Bien sûr il n'y avait pas sept coqs dans le restaurant. Il n'y en avait que six, ce qui n'est déjà pas si mal. « Tant pis, dit le patron, complète avec une poule. » Le garçon pose sur la table du Français l'amoncellement de volailles. Le Français épouvanté se sauve. Alors le garçon dit au patron : « Vous avez vu, patron, il s'en est aperçu, qu'il y avait une poule (*L'ha visto che c'era una gallina*). »

7

Les Américains

Tea for two
(and two for tea…)

FRANCHEMENT, QUE PENSES-TU DE MON SEXE?
COMMENT OSES-TU SORTIR AVEC DES ONGLES PAREILS?!
WOLINSKI

En 1942, lorsque les Américains entrèrent à Tunis, la ville se remplit de cow-boys ivres et titubant sur les trottoirs. Ils venaient de traverser le désert. Leur soif était inextinguible. La police militaire impitoyable avait beau les matraquer sauvagement, cela ne les empêchait pas de boire comme des fous le terrible petit rosé sec tunisien des vignes de Carthage. Puis ils s'écroulaient n'importe où dans leur dégueulis. J'étais surpris par ces débordements. Comme dans la plupart des familles tunisiennes, nous ne buvions que de l'eau à table, parfois un doigt de muscat les jours de fête dans des petits verres que je léchais sournoisement.

Je me souviens d'un jour où, attentif derrière les barreaux en fer forgé de notre fenêtre, je vis un G.I. complètement ivre qui, après avoir vacillé quelques instants, s'affala juste devant moi sur le trottoir. Couché sur le dos, il semblait mort. Horrifié, je m'aperçus que sa braguette était ouverte et que la tête rose de son sexe en sortait, insolite. J'avais très honte pour lui. Surtout lorsque je vis une femme arabe revêtue de ses voiles blancs, le visage dissimulé, à l'exception des yeux, par le haïk noir, hésiter avant d'enjamber l'homme qui barrait le trottoir. Elle se baissa et, spectacle inimaginable, d'un doigt secourable, elle enfonça le petit morceau de viande dans le pantalon, ferma la braguette, puis s'éloigna, discrète et mystérieuse.

Très vite, je pus baragouiner l'américain. Le lycée Carnot, de l'autre côté de la rue, face à la pâtisserie de grand-père, avait été réquisitionné par l'état-major. Les chauffeurs des officiers poireautaient le long des trottoirs dans leur command-car. Je devins leur ami. Je grimpais près d'eux. Ils me donnaient des petits rouleaux de bonbons aux fruits et me prêtaient leurs journaux. Je comprenais mal les textes mais les dessins me fascinaient. J'étais habitué aux bandes dessinées françaises. La bande dessinée était considérée à l'époque, dans notre pays, comme exclusivement réservée aux enfants. Les Américains ne se préoccupaient pas de l'âge de leur public. Nous étions en guerre. Des millions d'hommes s'ennuyaient dans leurs régiments lorsqu'ils ne se faisaient pas tuer. Pour eux, les bandes dessinées étaient devenues plus sexy que les ligues de moralité ne l'auraient toléré en temps normal.

Les mœurs ont changé. Les audaces de cette époque nous feraient sourire de nos jours. Les dessins n'étaient en rien pornographiques, mais, grâce au talent de leurs auteurs, leur puissance de suggestion était énorme. Mon histoire préférée était « Terry et les pirates », de Milton Caniff, qui paraissait dans le supplément en couleur du dimanche de je ne sais quel quotidien.

Je n'avais que neuf ans, pourtant les femmes dessinées par le pinceau de Milton Caniff me faisaient rêver : Eurasiennes impitoyables aux pommettes saillantes marquées d'un coup de pinceau noir si justement placé que c'en était magique. Bouches fardées, longs fume-cigarette, robes collantes et luisantes, fendues, avec deux coups de pinceau noir pour faire saillir les seins comme des obus. Elles jetaient un regard méprisant à l'aviateur blond ligoté par des Asiatiques bestiaux armés jusqu'aux dents. Cependant, on voyait bien qu'elles en étaient amoureuses et, au dernier moment, elles lui sauvaient la vie et mouraient pendant qu'il s'enfuyait avec la belle infirmière blonde au chemisier déchiré. Milton Caniff dessinait aussi, pour *Yank* ou *Stars and Stripes*, une bande exclusivement réservée aux soldats intitulée « Miss Lace ». J'ai pu en retrouver quelques pages que je publiai trente ans plus tard dans mon journal *Charlie mensuel*. Miss Lace est une petite pépée des Philippines. Agenouillée sur le sol, elle joue aux dés avec les soldats américains. Ils la laissent gagner uniquement parce que son décolleté leur permet de voir ses seins. Ils se disputent pour la promener dans leur jeep comme on promène une reine dans un carrosse. Ils lui racontent leurs amours au pays. Ils lui font la cour comme on la faisait au XVIIIe siècle. Ils lui offrent du champagne et quelques dollars qu'elle glisse dans sa jarretière. Jamais ils ne la touchent. Milton Caniff devait penser aux femmes et aux fiancées restées aux U.S.A. et qui auraient pu voir ces dessins. Il ne fallait pas qu'elles puissent croire que leurs hommes s'envoyaient en l'air avec des petites putains colorées, jolies comme des poupées. Miss Lace est un chef-d'œuvre d'hypocrisie. C'est la prostitution revue et corrigée par les scénaristes de Walt Disney. Je la contemplais à l'époque avec des yeux d'enfant, peut-être pas si différents de ceux du grand gaillard blond qui mastiquait son chewing-gum près de moi. Je trouvais miss Lace marrante et je ne me posais pas de questions.

Les enfants de mon âge mendiaient en psalmodiant : « Chocolaté, chewing-gum. » J'étais suffisamment fier pour ne jamais me le permettre ; en revanche, j'étais suffisamment malin pour leur demander des « comix » dont ils avaient toujours à profusion. Étonnés et ravis, ils me donnaient leurs vieux *Bugs Bunny*, et aussi en prime du chocolat et du chewing-gum que j'acceptais avec gravité.

Les Américains, mais aussi les Anglais, les Canadiens, les Écossais venaient à la pâtisserie qui faisait plus ou moins bar. Mon grand-père, un jour, refusa de donner du cognac à un énorme gaillard qu'il jugeait trop saoul… Sans un mot, l'homme sortit à travers la porte vitrée, laissant derrière lui un amas de morceaux de verre ensanglantés.

Nous aimions tous, que dis-je, nous adorions ces Américains, avec leur belle gueule saine et leurs jolis uniformes bien coupés de soldats riches. J'en invitais parfois à la maison et mes grands-parents ne me grondaient que faiblement, ravis d'avoir à leur table ces hommes venus de si loin. Nous n'avions pas grand-chose à leur donner à manger. Mais quelques œufs frits après des semaines de corned-beef et de haricots en sauce suffisaient à leur bonheur. Ma sœur Hella avait treize ans et déjà une belle poitrine. Jamais je n'ai vu l'un de ces hommes risquer quoi que ce soit d'inconvenant envers elle.

Pour nous, l'Amérique était une sorte de paradis plein de braves gens sympathiques et cordiaux circulant dans de grosses voitures. C'était le pays du jazz, des gratte-ciel, des stars de cinéma. Nous étions complètement intoxiqués par le cinéma américain. Sans doute devait-il y avoir des bobines de films dans les paquetages des G.I.'s car, dans mes souvenirs, les films américains se confondent avec leur présence à Tunis.

Nous allions deux fois par semaine au cinéma, parfois trois lorsque j'arrivais à resquiller de l'argent à grand-père, qui était moins dur à la détente que la « Nonna ». Ma sœur préférait les histoires sentimentales, moi les westerns ou les policiers. Nous partagions le même amour pour les comédies musicales. C'était l'époque de Deana Durbin, Ginger Rogers, Judy Garland et Mickey Rooney. Ça flirtait vachement, dans ces films. Les filles donnaient de bons gros baisers sur la bouche des garçons effarés, qui zigzaguaient ensuite en roulant des yeux extasiés.

Ce cinéma, chaste et pudique, convenait parfaitement à nos mœurs fort peu dissolues. Les cuisses marmoréennes d'Esther Williams ou de Sonia Henie, les décolletés neigeux d'Olivia de Havilland alimentaient nos rêves de collégiens. Rien autour de moi ne donnait de réponses précises à mes curiosités légitimes et à mes troubles naissants. À part quelques livres…

8

Les livres. Éducation sexuelle

FAIS SEMBLANT DE DORMIR
ÇA NE VA PAS NON, J'AI FROID !
DANS LES LIVRES ÉROTIQUES, LES FEMMES N'ONT JAMAIS FROID
WOLINSKI

J'ai eu la chance de naître dans une famille où il y avait des livres, et des bons livres. Combien d'après-midi ai-je passés à dévorer Jules Verne et Paul d'Ivoi, à relire inlassablement James Oliver Curwood, Jack London, Edgar Poe, Fenimore Cooper…

« Sors, tu vas t'abîmer les yeux », disait la « Nonna », inquiète de me voir rester étendu des heures à plat ventre sur mon divan, mon livre posé sur les carreaux disjoints du parquet.

La littérature anglo-saxonne a eu, je crois, une grande influence sur les gens de ma génération. L'enfant qui, à douze ans, a piqué des fous rires en lisant les contes de Mark Twain, *Trois hommes dans un bateau* de Jerome K. Jerome et *Stalky et Cie* de Rudyard Kipling, n'aura pas le même comportement dans la vie que celui qui se sera contenté de donner des coups de pied dans un ballon. J'ai lu ainsi pêle-mêle des textes qui ont fait que je suis ce que je suis aujourd'hui.

C'était la guerre, le commerce était arrêté avec la France. Les librairies ne regorgeaient pas de livres pour enfants, j'étais bien obligé de lire des livres pour adultes. Il y avait une collection reliée en carton marron au-dessus de mon lit, dont le papier était couleur thé. En soupirant, j'y puisais des livres au hasard. J'en feuilletais quelques pages. Si ça ne m'ennuyait pas trop, je persévérais. Je me souviens d'un livre qui m'avait impressionné. C'était *Le Feu*, de Henri Barbusse. Je lus aussi sans bien tout comprendre *Le Meilleur des mondes* d'Aldous Huxley et un tas de classiques. J'aimais *Lorenzaccio* de Musset, *Ruy Blas* et *La Légende des siècles* de Victor Hugo. Nos livres circulaient entre gamins de mon âge, constituant un fonds commun. Un de mes cousins possédait un trésor envié : tous les gros livres rouges de Paul d'Ivoi.

Les albums de *Mickey*, de *Robinson*, de *Fillette* étaient lus et relus sans cesse. J'en connaissais par cœur les histoires et les dessins.

À douze ans, malgré les précautions de ma grand-mère, j'avais trouvé un truc pour ouvrir l'armoire où elle enfermait les livres que tonton Lucien avait laissés avant d'aller se faire glorieusement tuer dans l'attaque du fort de Coudon. Ses décorations étaient encadrées sur du velours rouge, près d'une lampe à huile dédiée à sa mémoire. La flamme ne s'est éteinte que lorsque la « Nonna » est morte.

Je regrette de ne pas l'avoir mieux connu, cet oncle dont je me rappelle le regard railleur derrière ses lunettes. J'ai appris beaucoup de choses grâce à ses livres, plus suggestifs que vraiment pornographiques. Je les parcourais à la va-vite, assis par terre, dès que ma grand-mère se dirigeait vers la pâtisserie.

Ces textes, destinés à exciter l'imagination d'adultes avertis, plongeaient dans une grande perplexité le petit garçon que j'étais. Comment comprendre ce qu'est un acte sexuel à travers des pages comme celles-ci, tirées du *Décaméron* de Boccace : «… Après ces premiers baisers, ils se couchèrent ensemble et presque toute la nuit se donnèrent l'un à l'autre plaisir et bonheur, faisant chanter de nombreuses fois le rossignol… » Ou bien dans *L'Amant de Lady Chatterley*, pourtant plus explicite : «Il prit les seins charmants et lourds de Constance, un dans chaque main, et les pressa contre lui, frénétiquement, immobile et frémissant dans la pluie. Puis soudain il la souleva et tomba avec elle sur le sentier, dans le silence rugissant de la pluie et, prestement, promptement, il la prit là, comme un animal.»

J'ai lu ainsi, en diagonale, les *Ragionamenti* de l'Arétin, auteur libertin du XVe siècle dont les illustrations me plaisaient plus que le texte très allusif. Je ne me lassais pas de regarder ces dessins où de belles dames faisaient semblant de dormir pendant que des messieurs en pantalon collant soulevaient leurs draps et contemplaient éblouis des culs veloutés comme des abricots.

J'ai lu Casanova, *Les Mille et Une Nuits*, le *Satiricon*, et je ne savais toujours pas ce qu'était l'amour. Je comprenais fort bien le plaisir qu'il pouvait y avoir à frotter son corps nu contre celui d'une femme. Mais l'acte sexuel lui-même m'échappait complètement, et si je touchais mon sexe, c'était fort innocemment, sans savoir quel mécanisme en faisait une machine à aimer. D'ailleurs, je me souviens qu'à cette époque, en traversant la rue de Paris qui nous séparait de l'école, un de mes amis me posa cette question : « Qu'est-ce que c'est, à ton avis, le sperme, un liquide ou une poudre ? » Je répondis : « Une poudre. » Les autres garçons éclatèrent de rire. Je fus fort vexé.

Ce qui me troublait le plus dans ces livres, en fait, c'était l'idée que les héros dévoilaient leurs corps. La honte du sexe était ancrée dans toute notre éducation. La pudeur et les frustrations de l'Islam déteignaient sur nous. Les filles devaient toujours faire attention à ne pas être provocantes « à cause des Arabes ».

Aussi, lorsque dans les aventures de Casanova, celui-ci, sérieux comme un pape, jouait les gourous et faisait déshabiller les uns après les autres tous les membres d'une famille, y compris, bien sûr, la mère et la fille, sans oublier la bonne, qu'il les savonnait gravement pour les purifier de leurs péchés et qu'ensuite il leur demandait de lui rendre le même service, le scabreux de la situation ne m'échappait pas. Cependant, cela n'allait pas plus loin. J'avais découvert la volupté et l'érotisme. Je devais découvrir bien plus tard la sexualité. Je fus bien sûr un peu déçu car je ne savais pas que l'on pouvait faire tristement l'amour.

9

Sidi Abdel Aguèche

CHAQUE SOIR, DEPUIS 10 ANS, MON CŒUR BAT À L'IDÉE QUE JE VAIS COUCHER AVEC TOI
POURQUOI TU NE VOIS PAS UN CARDIOLOGUE ?
WOLINSKI

Souvent, j'allais me promener dans le quartier réservé de Sidi Abdel Aguèche. Il s'agissait de quelques ruelles situées à la périphérie des souks, près du quartier juif de la Hara. Plutôt que des ruelles, des couloirs dans lesquels s'ouvraient des chambres.

Les filles étaient assises sur le pas de la porte, attendant le client. Pauvres créatures échouées là, épaves d'on ne sait quels bordels.

Vieilles et grasses Italiennes, Françaises grincheuses aux cheveux décolorés, Mauresques tatouées sur le front avec du khôl sur la paume des mains. Des dents en or plein leur sourire. C'étaient les plus jeunes et les moins laides. Elles étaient une centaine, jacassantes, demi-nues dans leurs peignoirs roses ou verts mal fermés. Dès qu'elles avaient un client, elles claquaient la porte de leur sinistre piaule décorée de photos de magazines et de fleurs artificielles pour faire avec lui des choses mystérieuses sur des dessus-de-lit en piqué.

Je m'étonnais bien un peu de leur laideur. Je me doutais vaguement qu'il devait y avoir d'autres endroits que je découvris d'ailleurs plus tard, une fois devenu adulte ; portes cloutées percées d'un judas, donnant sur des patios carrelés pleins de fraîcheur où glougloute un jet d'eau au milieu des plantes grasses, entourés d'une galerie de chambres dans la pénombre desquelles des jeunes femmes offrent leurs corps avec une gentillesse experte.

Je n'étais encore qu'un enfant en culottes courtes. L'idée que ces femmes se vendaient me troublait. Aurais-je eu l'argent pour acheter un moment avec elles que je n'aurais jamais osé le faire ! Il n'était pas question pour moi d'en aborder une. D'ailleurs, si je surprenais un regard ou un sourire, si l'une d'elles faisait mine de me parler, je fuyais, honteux, évitant soigneusement de repasser devant elle, ce qui m'obligeait parfois à de longs détours.

Ce trouble, cette angoisse devant les femmes et leur mystère, je n'ai jamais pu m'en débarrasser, même après tant d'années, même avec toi. J'ai toujours l'impression, lorsque tu te mets nue, lorsque j'ai envie de toi, qu'il s'agit de quelque chose d'interdit. Toi, tu sembles trouver cela tout naturel.

10

Mais tu ne bouges pas ?

LAISSE-MOI TE RACONTER MON ENFANCE
TÉLÉPHONE-MOI, AU JOURNAL VERS 17H. J'AURAI 5 MINUTES
Wolinski

L'année suivante, je fus renvoyé du lycée de Tunis. Pour cause de fainéantise. Je rejoignis ma mère, dans les Hautes-Alpes. Je triplai glorieusement ma cinquième au lycée d'altitude de Briançon, lycée qui offrait un effarant changement avec celui de Tunis : il était mixte.

Chose curieuse, je ne fus pas troublé par les genoux ronds des petites filles de la classe. J'étais passionné par bien d'autres merveilles : la montagne, la neige, l'eau qui coulait de partout dans les torrents, le ski, le patin, les promenades à vélo dans les vallées.

Deux ans passèrent ainsi avant que j'ose demander à une petite fille boutonneuse, mais ma foi assez bien roulée, si elle voulait se promener avec moi. Le cœur battant à tout rompre, j'osai l'embrasser maladroitement. Ivre de bonheur, je constatai qu'elle ne me repoussait pas.

Sous les mélèzes, nous nous embrassâmes pendant deux heures. Je ne savais faire que ça, lui palpant interminablement les seins à travers son soutien-gorge. Ce fut mon premier amour, il dura un an, au bout duquel j'avais glissé ma main dans sa culotte sans jamais oser descendre plus bas que les poils. Je ne sus jamais si elle le souhaitait. Je ne savais toujours pas ce qu'était un sexe de femme.

Je le sus grâce à Juliette. J'avais seize ans. Elle en avait vingt. Elle était pensionnaire d'une de ces maisons de santé où les salariés affiliés à la Sécurité sociale soignaient leur tuberculose.

C'était une grande brune rieuse. J'arrivai à l'attirer sans trop de mal dans la piaule d'un copain noir qui devint paraît-il, plus tard, ministre dans son pays. Lorsque je soulevai sa jupe et que je vis son porte-jarretelles, curieusement, cela me déplut. Je baissai sa culotte et la masse noire frisée de son sexe m'épouvanta. Je la caressai à peine, me déshabillai je ne sais comment et la pénétrai avec quelques difficultés car je ne savais pas où était l'emplacement de l'orifice (je le croyais beaucoup plus haut). Discrètement, elle m'aida. Au bout d'un petit moment, elle me demanda, étonnée : « Mais tu ne bouges pas ? » Je ne savais pas qu'il fallait bouger. Bien qu'ayant déjà eu des pollutions nocturnes, jamais je ne m'étais masturbé. Je le lui avais pourtant dit, à cette fille, que j'étais vierge, mais elle n'avait pas voulu me croire. J'étais enfoncé en elle et j'essayais de bouger comme elle me le demandait, en remuant dans tous les sens dans une sorte de danse du ventre, mais je sentais bien que ce n'était pas ça qu'il fallait faire. « Fais attention, me dit-elle, inquiète, à ne pas me jouir dedans.» Je fis un bond jusqu'au lavabo, regardant avec étonnement et sans beaucoup de plaisir mon sperme jaillir dans la cuvette.

«Je veux bien le croire, que tu es vierge», dit la pauvre Juliette avec son accent de Marseille.

C'était donc ça, l'amour ! J'étais mal à l'aise. Mon inexpérience me faisait peur. Nous fîmes une autre tentative quelques semaines plus tard, tout aussi décevante. Juliette ne savait pas enseigner. Et moi je n'apprenais pas vite.

Il fallut que j'attende un voyage en Italie, sur la moto d'un copain, pour que dans le bordel d'une petite ville, près de Gênes, une putain aux seins tombants me prenne le sexe dans la bouche. Sensation inoubliable. Et enfin me grimpe dessus pour en quelques coups de reins m'apprendre ce que c'est que bouger. Je crus m'évanouir de plaisir. Il était temps.

11

Dialogue enregistré

SI J'ÉTAIS UNE FEMME, ET TOI UN HOMME, COMMENT TE COMPORTERAIS-TU ?
SI J'ÉTAIS UN HOMME, J'EN PROFITERAIS POUR FAIRE TOUT CE QUE JE NE PEUX PAS FAIRE PARCE QUE JE SUIS UNE FEMME
Wolinski

Maryse : Il faut que tu expliques très sincèrement pourquoi tu n'arrives pas à te débarrasser de ton vieux phallocratisme.

Georges : Alors ça, ça m'ennuie un petit peu parce que, euh, pour moi, la question se pose surtout sur le plan sexuel.

M. : Ce n'est pas uniquement sur le plan sexuel. Lorsque tu avoues en face d'une femme que : « Non, mais non, ça, il n'y a rien à faire, vous n'y arriverez jamais, à accéder aux postes auxquels vous voulez accéder ! », je me demande sur quoi tu te bases. Alors que moi je te donne des exemples parfaitement concrets. Le dernier en date, c'est Françoise Gaspard.

G. : Oui, elles servent un peu d'alibi aux hommes pour le moment.

M. : Mais attends, patience ! Il faut toujours que tu trouves… Moi, je voudrais savoir pourquoi tu réagis comme ça. Je n'arrive pas à comprendre ce qui se passe dans ta tête. Prenons le sport. On disait que c'était mauvais pour la santé des femmes. Pendant des années et des années, on a dit : « Ah ! les femmes, à la période de la menstruation, elles ne sont capables de rien. » On s'aperçoit maintenant qu'il y a des filles qui réussissent leurs plus grandes performances à ce moment-là. La grossesse, même chose ! Une fois qu'elles ont eu un enfant, c'est fini, disait-on.

G. : Mais tu ne me comprends pas. Je n'ai jamais dit que les femmes ne pouvaient pas arriver à tout ça. Je suis persuadé que vous avez les mêmes capacités et la même intelligence que l'homme.

M. : Heureusement ! Encore un peu, et je te prenais pour Dassault.

G. : Je suis absolument persuadé de tout ça. Je dis seulement que vous ne pouvez pas y arriver sans gêner des hommes, comme moi, dans leur existence.

M. : Ce n'est pas ce que tu as dit l'autre jour au restaurant. Tu m'as dit : « VOUS n'arriverez pas à certains postes ! »

G. : Mais c'est parce que tu comprends mal ce que je dis, vous n'arriverez pas sans… Laisse-moi parler ! Je suis persuadé que vous pouvez arriver à tout, absolument à tout. Et à être même plus fortes, non, plus fortes c'est idiot, parce que c'est pareil. J'en suis intimement persuadé. Je n'ai jamais pensé que la femme était inférieure à l'homme. Ne me fais pas un mauvais procès, ce que je dis c'est que vous ne pouvez y arriver qu'en perdant des privilèges que vous ne voulez toujours pas perdre.

M. : Quels privilèges ?

G. : Le privilège d'être femme, déjà !

M. : Qu'est-ce que ça veut dire ? Je voudrais bien les connaître ces privilèges. Si c'est s'occuper des enfants… Par exemple, Maria va être absente pendant tout le mois de mai. Qui va s'occuper de chercher quelqu'un ? Personne d'autre que moi, n'est-ce pas ? C'est un problème qui me préoccupe tous les jours. Comment vais-je me débrouiller pour réaliser les reportages que j'ai en commande ? Si c'est ça ce que tu appelles les privilèges de la femme !

G. : Ce sont les privilèges qui découlent du fait euh… que vous êtes des objets de désir. Par exemple, je te gâte.

M. : Moi aussi je te gâte, et si j'avais plus d'argent, je t'en achèterais, des choses !

G. : Tu m'as dit une fois, et je suis sûr que tu le répéterais, que cela te gênerait que nous soyons dans une situation inversée, c'est-à-dire que tu gagnes beaucoup d'argent et que tu aies un homme qui n'en gagne pas tellement et que… qui soit un peu…

M. : Moi, j'ai dit ça ? J'ai dit ça il y a dix ans !

G. : Non, il n'y a pas si longtemps. Mais cela ne te gênerait pas ?

M. : Pas du tout !

G. : Si tu gagnais beaucoup d'argent, et moi pas beaucoup, tu trouverais ça normal ?

M. : Je pense que dans une vie cela peut être d'abord l'un, et puis après l'autre.

G. : Tu me rassures, parce que j'ai vraiment envie de me reposer.

M. : J'ai l'intention de gagner beaucoup d'argent mais je voudrais que tu continues à en gagner beaucoup toi aussi.

G. : Mais tu te vois vivre avec un homme qui… qui serait peut-être charmant mais qui ne se débrouillerait pas bien dans la vie ?

M. : Je vais te dire… Moi, je n'en sais rien, je ne sais pas… Je ne sais pas si j'ai envie de vivre avec quelqu'un de falot.

G. : Mais ça pourrait être quelqu'un de beaucoup moins phallocrate que moi.

M. : Mais, ah ! ah ! falot, je voulais dire…

G. : Ah ! ah ! falot, pas phallo, pardon ! Mais qu'as-tu à me reprocher sur le plan de la vie de tous les jours ? Pourquoi ?…

M. : Non ! Non ! Non ! Je ne te laisserai pas changer de conversation. Quels sont ces privilèges des femmes ? Je n'ai encore pas compris.

G. (long silence) : C'est ça qu'il faut que je développe.

12

Les privilèges

… La couture pour les femmes,
la charrue pour les hommes…

Charles Fourier.

QUELS PRIVILÈGES ONT LES FEMMES ?
EUH.. PAR EXEMPLE, VOUS AVEZ UN BEAU CUL
Wolinski

En voyage de noces à Bucarest. Par la fenêtre de l'hôtel aujourd'hui disparu sous les décombres du dernier tremblement de terre, nous regardions des silhouettes travailler sur un toit. Quelle ne fut pas notre surprise de découvrir qu'il s'agissait de plusieurs femmes en salopette, étalant du goudron, portant des planches et clouant à grands coups de massue sous un soleil de plomb.

Dans les rues, d'autres femmes maniaient la pelle et la pioche, côte à côte avec les hommes.

Les Roumains, qui ont une grâce inimitable dans toute l'Europe des Républiques socialistes pour baiser la main des dames, sont gênés lorsqu'on leur parle de ces travailleuses de force. « Oui, c'est vrai, c'est terrible », avouent-ils.

Et pourtant. Pourquoi les femmes ne participeraient-elles pas aux travaux pénibles des hommes, elles qui veulent rivaliser avec eux sur les stades ? Il est difficile de contempler les tarzanesques biscotos des nageuses de l'Allemagne de l'Est sans penser qu'elles manieraient aussi bien la pioche qu'un Portugais.

Oui, je sais, je connais le sort des pauvres filles debout derrière les comptoirs des grands magasins, abruties par la musique et l'air conditionné. Je sais les ouvrières d'usine exploitées dans les filatures, l'électronique, l'industrie pharmaceutique, et qui, le soir, lorsqu'elles rentrent chez elles, font une double journée de travail. Pour elles, pas de week-ends. Jamais de vacances.

Ce n'est pas, reconnais-le, parmi ces femmes que se recrutent les féministes.

Lorsque les féministes proclament le très juste : « À travail égal, salaire égal », est-ce que ça signifie qu'elles ont envie de rivaliser avec les hommes dans tous les travaux, dans tous les domaines ? Avez-vous envie d'avoir le corps déformé et les mains calleuses ? Est-ce important pour vous, oui ou non, de rester belles ? Et est-ce juste, dans une société comme la nôtre, que certaines femmes aient le privilège d'être belles et d'autres non ? Il y a une différence angoissante entre une paysanne de trente ans et une citadine de même âge.

La misogynie des hommes est fondée sur votre beauté. Ne soyez plus belles, et nous ne serons plus misogynes. Acceptez-vous de faire ce petit sacrifice ?

« Nous ne sommes pas belles pour les hommes, mais pour nous », proclamez-vous hypocritement. Je ne vous crois pas. Lorsque vous vous regardez dans la glace, c'est avec l'œil des autres.

« Nous pouvons désirer être belles pour plaire aux autres femmes. » Alors là, je vous crois un peu plus. À force de fréquenter les femmes, je me suis rendu compte qu'elles se faisaient du charme entre elles.

Tout cela n'empêche pas que, pour moi, c'est difficile d'oublier votre sexe lorsque vous nous promenez sous le nez vos yeux faits, votre bouche peinte, vos seins nus, votre culotte symbolique, vos talons hauts et votre parfum envoûtant. C'est impossible de prendre au sérieux une femme qu'on a envie de toucher.

Vous voulez plus de justice, mais voulez-vous vraiment *la* justice ? Avec tout ce que cela implique de renoncement aux valeurs traditionnelles, familiales, morales, sociales.

Le féminisme est souvent pour vous une coquetterie de plus, un bon moyen pour obtenir des avantages nouveaux sans rien perdre de ceux que vous aviez déjà.

Autant dire que cela nous arrange, nous les mâles occidentaux, et si vos revendications nous agacent, nous perturbent et nous compliquent l'existence, elles ne nous inquiètent pas, parce que, finalement, vous ne voulez pas « casser la baraque ». Vous êtes timorées. Certes, je ne vous fais pas l'injure de penser que vous n'avez pas réfléchi à tout ça. Il y a des extrémistes parmi vous : ces lesbiennes intellectuelles, qui réussissent victorieusement à se passer des hommes. Celles-ci ont renoncé à ressembler, selon l'échelon social, aux petites mamans sympathiquement fraîches des feuilletons télé, aux nanas genre club Méditerranée, aux petites malignes de *Cosmopolitan* ou aux créatures sophistiquées de *Vogue*. Affichant leur tour de taille boudinesque, leur débraillé, leurs cheveux ternes ou leurs rides comme un drapeau, je les ai souvent vues regarder avec une ironique hostilité ta frange blonde et tes robes Saint-Laurent dans les quelques réunions de femmes où je te suivais comme un poisson-pilote.

Mais le cra-cra féministe semble révolu depuis qu'il a été lui aussi récupéré pour devenir une mode. Les fringues flottantes, les pantalons trop larges, étudiés pour ne pas être étudiés, destinés à cacher les formes de votre corps aux dragueurs-violeurs-phallos-mecs, les cheveux qui frisent naturellement sous la pluie, l'allure un peu garçonnière et provocante par son indifférence totale aux regards masculins.

Toute cette panoplie de la femme libérée fait partie de la garde-robe des femmes de cadres moyens, supérieurs et professions libérales. Même l'absence de mode dans les nouveaux journaux féminins est une mode. Il n'y a qu'à regarder les rédactrices de ces journaux pour se rendre compte que la mode ne les laisse pas indifférentes et qu'elles doivent feuilleter fébrilement *Elle* chez leur coiffeur. Les plus punis sont les maris qui trouvaient *Elle* plus excitant que *Lui*.

13

La contraception

Et si les grands bénéficiaires de la contraception, c'étaient les hommes…

Michèle Manceaux,
Marie-Claire, mai 1978.

SI TU TE FAIS STÉRILISER, JE ME FAIS STÉRILISER AUSSI.
JE N'AI PAS LE DROIT DE T'IMPOSER CE SACRIFICE
CLAC CLAC
Wolinski

Lorsque la contraception, après une lutte acharnée à laquelle tu as participé avec passion, est devenue pratiquement libre, les femmes ont eu l'impression justifiée qu'elles avaient remporté une grande victoire.

Enfin elles pouvaient choisir d'avoir un enfant ou pas. Enfin elles pouvaient faire l'amour sans l'angoisse de se retrouver enceintes. Des siècles, des millénaires de « coïtus interruptus », méthode Ogino et autres méthodes mécaniques ou caoutchouteuses étaient enfin abolis. Sans parler des avortements. Combien de fois les gens de ma génération ont-ils eu à échanger des numéros de téléphone mystérieux, des adresses au Maroc ou en Hollande ? Je me souviens d'un « Monsieur Jean » qui a beaucoup servi. Il fallait l'appeler le matin dans un café. Il y a dix ans, ça coûtait deux mille francs, une petite fortune à cette époque.

La contraception libre me paraissait, me paraît toujours, un des événements les plus importants du siècle. C'est justement ce qui a inquiété les femmes.

Cette victoire qu'elles venaient de remporter sur les hommes plaisait trop aux vaincus, qui pouvaient les baiser en toute sérénité. Or, si elles voulaient bien baiser, elles ne voulaient pas se faire baiser.

Alors elles ont commencé à faire des chichis. Elles ont découvert que la pilule ça fait grossir, ça donne le cancer, des palpitations, des angoisses, des chaleurs et des raisons supplémentaires d'en vouloir au gros mâle bredouillant des paroles incohérentes qui leur transpire dessus et leur crache dedans sa cargaison de spermatozoïdes poisseux.

Elles ont obtenu la liberté de la contraception, mais une fois de plus elles ont été flouées. Car la contraception, elles sont seules à l'assumer. La pilule pour homme n'est pas au point, dit-on. Alors que peuvent faire les hommes de bonne volonté qui souhaitent partager le fardeau contraceptif avec leur compagne ?

Un de mes amis hollandais, père de deux enfants, a résolu le problème avec une froideur toute scandinave. Il a choisi la stérilisation. Ton œil féministe déjà allumé par la perspective de la « nouvelle lutte qui se prépare », tu m'avais informé sur ce procédé radical, préconisé par l'Église et les membres bien-pensants de la secte « Laissez-les vivre » mais à l'unique condition qu'il ne soit utilisé que dans les fourmilières humaines et colorées des pays sous-développés.

Chez nous, civilisation chrétienne où le lapinisme est vivement encouragé par un arsenal de lois qui assure au père de dix enfants ses dix litres de pinard quotidiens, la stérilisation est interdite car elle est assimilée par la loi à une mutilation volontaire.

J'étais tenté par la simplicité biblique de l'opération et par la beauté du sacrifice humain que j'offrais sur l'autel de notre amour.

Un jour, pendant que tu te déshabillais dans son cagibi, je posai la question à ton célèbre gynécologue. Tellement célèbre d'ailleurs qu'il n'a pas le temps, entre deux congrès au bout du monde, de jeter autre chose qu'un coup d'œil rapide sur les entrejambes les plus huppés de Paris.

« Bien sûr que je peux vous faire ça, me dit-il, enthousiaste, quand vous voulez, vous me téléphonez, ce n'est rien du tout. »

– Mais c'est irréversible ?

– Ah, oui, pour le moment ! Il y a bien un système de robinet qui est à l'étude, mais ce n'est pas encore au point. Il faut bien réfléchir avant de prendre votre décision. Un homme peut procréer même après soixante ans.

– Je vous téléphonerai.

Je ne lui ai toujours pas téléphoné. Je suis un Latin. Mes couilles, c'est sacré. Pourtant, je ne souhaite pas avoir d'autres enfants. J'en ai trois et cela suffit bien. Mais une de tes réflexions m'a finalement coupé l'envie de jouer les héros.

Ce jour-là, j'étais presque décidé, ou en tout cas je faisais comme si je l'étais, feuilletant un agenda pour trouver un créneau dans mon emploi du temps. Tu m'as dit :

« Essaie de trouver une date qui me convienne à moi aussi. Comme ça, on le fera ensemble. »

– On fera quoi ensemble ?

– La stérilisation. Moi aussi, je désire me faire stériliser.

– Pourquoi toi ? Si je le fais moi, cela ne suffit pas ?

– C'est bien les hommes, ça ! Alors tu crois que tu as l'exclusivité sur moi ? Et si je veux faire l'amour avec un autre homme ? » Et tu as ajouté : « Ce n'est pas demain la veille. J'ai vraiment autre chose en tête en ce moment. »

Ah ! merde ! Je n'avais pas pensé à ça. Stupide phallocrate que je suis !

Je t'ai expliqué que si, moi, je me trouvais assez vieux pour ne plus concevoir, je te trouvais en revanche encore trop jeune pour fermer la porte à toute éventualité de ce genre. Et si je mourais ? Et si tu refaisais ta vie avec un autre ? Tu as haussé les épaules. « Je ne veux plus d'enfants. J'aime passionnément Elsa, mais si c'était à refaire… »

Alors j'ai eu recours à un autre argument. Imagine, t'ai-je dit, qu'un jour je descende à la cave chercher du vin. Juste à ce moment-là, le monde est ravagé par une guerre atomique. Lorsque je remonte avec ma bouteille, il n'y a plus personne de vivant sur terre, sauf par miracle une autre créature du sexe opposé. Si je suis stérilisé, j'aurai bonne mine pour repeupler la planète.

Tu m'as regardé ironiquement. « Tu y tiens, à ta virilité. Tu es bien un Latin. »

Hé oui !

14

Un jour on se retourne…

TU N'ES PLUS LA MÊME
JE NE SERAIS PLUS MOI-MÊME, SI J'ÉTAIS RESTÉE LA MÊME
Wolinski

Annie Leclerc, dans son livre *Paroles de femmes*, livre que j'ai parcouru avec un agacement qui t'a déçue, écrit : « Un jour on se retourne et soudain on ne reconnaît plus rien. Les choses semblent toujours à la même place, mais tout a changé de visage. » Je suis tenté, au nom des hommes mariés à des femmes qui découvrent le féminisme comme on a découvert un jour que la Terre est ronde, de reprendre cette phrase à notre compte.

Les femmes sont, je crois, en plein « âge bête », face aux hommes-pères désorientés et maladroits.

« Un jour on se retourne... » et cette enfant si docile, si chatte, si aimante, si admirative n'est plus qu'une boule d'agressivité, qui répond à table, qui se lève en sanglotant, qui fugue, ou alors qui se mure dans un silence inquiétant.

Cette femme que l'on croyait comblée, gâtée, heureuse derrière ses longs cils baissés, ouvre soudain sur vous des yeux pleins d'un ironique éclat.

Elle continue à s'occuper de vos caleçons et du contenu de votre réfrigérateur. Elle est irréprochable, certes, sur le plan de la maison, de l'éducation des enfants, de la blancheur des napperons en dentelle et de la verdeur des plantes grasses. Elle est irréprochable le soir lorsque, après son interminable toilette, elle se glisse dans le lit où vous l'attendez le cœur battant. Mais quand vient le moment de dormir, vous êtes envahi par un sentiment d'étrangeté qui vous glace.

Soudain cette maison pour laquelle vous avez tant trimé, ce foyer plein d'objets souvenirs vous paraît une sorte de musée dans lequel vous êtes en visite.

Vous étiez un homme sûr de vous, gai, confiant en l'avenir, vous vous découvrez vieilli, pesant, dépassé, éléphant dans un jardin de porcelaine.

Tout ce qui vous semblait dû, les petites joies et les petits plaisirs dont la somme constituait votre bonheur, peu à peu vous est refusé. Il ne vous reste que le strict nécessaire.

Ce qu'on vous accordait sans que vous ayez à le demander, vous vous rendez compte désormais que vous êtes incapable de le réclamer, les mots s'interrompant dans votre bouche. Une femme, c'est comme un cadeau. Et un cadeau, c'est meilleur lorsqu'on vous en fait la surprise.

Bien sûr, l'amour qui vous lie n'est pas remis en question. Son principe est sacré. Il devient presque un alibi à la froideur, à l'éloignement, à l'incompréhension, au silence. Tout se passe comme si on disait que ce n'est pas important de se manifester moins d'amour, de s'embrasser moins, de se caresser moins puisqu'on s'aime tant.

Alors, quelle attitude adopter ? Vous avez la ressource de vous murer vous aussi dans un silence hostile. Vous vous mettez parfois en colère, mais jamais pour les vraies raisons qui provoquent cette colère. Les vraies raisons, on n'en parle pas. On n'en parle d'ailleurs jamais, dans la plupart des couples. J'en ai pourtant parlé avec toi. Tu m'as même stupéfié en me prouvant séance tenante que tu savais exactement ce qui pouvait me faire plaisir.

Puis les semaines, les mois, les années passent. Tu es de plus en plus prise par ton travail. Je suis de plus en plus occupé par mes diverses collaborations. Nous nous voyons de moins en moins. Nous nous couchons de plus en plus tard, et de plus en plus fatigués.

J'ai fini par comprendre qu'il ne servait à rien de vouloir retrouver le passé. Tu n'es plus la même. La petite blonde que j'avais épousée, qui acceptait, semble-t-il, avec plaisir tous mes craprices. La journaliste qui avait le bon goût de comprendre que son travail devait passer après le mien, et que la chose à respecter dans la maison était avant tout ma tranquillité d'esprit. Tu es devenue une adulte avec laquelle je dois avoir d'autres rapports.

Le féminisme n'est sans doute qu'en partie responsable de ton évolution. Mais je crois tout de même cette partie importante.

J'aime et je respecte la femme que tu es aujourd'hui. Je ne peux pas oublier celle que tu as été.

15

Trabadjare la moukère
Trabadjare bonou

QUE DIRAIS-TU, SI JE TE PRENAIS COMME UN ANIMAL ?
JE SERAIS TRÈS DÉÇUE ET TRÈS MALHEUREUSE PARCE QUE JE CROYAIS AVOIR ÉPOUSÉ UN HOMME INTELLIGENT ET NON PAS UN ANIMAL
JE PLAISANTAIS
WOLINSKI

Je descends de l'auto pour aller ouvrir le portail du garage. Les pneus crissent sur les graviers. Souplement, je grimpe les quelques marches qui mènent à la porte. J'entends le bruit assourdi du piano qui se mélange à la rumeur du pick-up. Mon aînée joue du piano. L'autre écoute les Bee-Gees. « C'est papa ! » hurle la cadette qui, toute rose dans son pyjama rayé, se précipite sur moi. J'ai préparé pour elle un petit cadeau.

« Elsa, veux-tu revenir à table ! » Te voilà, fraîche et sereine, un nœud enfantin dans tes cheveux blonds. Tu me tends tes lèvres et je te serre contre moi afin de sentir ton corps libre sous le léger tissu. Tu me souris. Pour toi aussi, j'ai un cadeau. Tu déplies le papier et tu me regardes, faussement grondeuse. « Tu es fou ! Papa est fou ! », dis-tu à nos grandes filles qui viennent me présenter leur front virginal et retournent à leurs occupations studieuses. Le bras autour de ta taille, je rentre dans le living, laissant ma main descendre et traîner sur ta fesse ronde. Une bonne odeur vient de la cuisine où officie Nicole, notre vieille gouvernante, qui a vu naître les enfants. « Je t'ai préparé quelque chose que tu aimes », me dis-tu.

Nous dînons seuls le soir. C'est un moment privilégié auquel nous tenons.

Pendant que tu couches la petite fille, je me prépare un whisky en parcourant le journal.

Tu m'appelles pour donner la dernière bise du soir aux enfants. Pendant ce temps, tu t'affaires à la cuisine où tu n'as pas voulu que j'entre. Tu veux, toi aussi, me faire une surprise. Mais j'ai déjà deviné, à l'odeur, que tu as préparé un coq au vin, ta grande spécialité et mon plat préféré.

Nous sommes seuls, Nicole est montée regarder sa télé. Tu arrives, un plat fumant à la main. Je te sers en m'extasiant sur son contenu. Je remplis ton verre du saint-émilion écologique que me vend mon ami Descrambes, et nous dînons en nous regardant avec amour. Je te raconte les victoires et les défaites de ma bataille quotidienne contre ceux qui sont au-dessus de moi parce qu'ils ne m'estiment pas toujours à ma juste valeur et ceux qui sont en dessous de moi parce qu'ils ruent parfois dans les brancards devant mon autorité. Je ne suis pas le genre de type qui se laisse avoir.

Tu m'écoutes, attentive. Tu t'intéresses à ma carrière. Et tes conseils sont toujours judicieux. Toi aussi, tu me racontes tes journées. La maison, les enfants te prennent beaucoup de temps, mais tu ne fais pas que cela. Avec d'autres femmes du quartier, vous vous occupez d'œuvres sociales et culturelles. Tu me donnes des nouvelles de la famille à qui tu es reliée par le cordon ombilical du téléphone.

Je t'aide à débarrasser et à ranger la vaisselle dans le lave-vaisselle malgré tes protestations. « Ce n'est pas un travail pour un homme », me dis-tu. Nous regardons un petit peu la télé, mais pas trop. J'aime à me lever à l'aube, et comme j'ai besoin de beaucoup de sommeil, nous nous couchons tôt.

À peine entrés dans la chambre, tu mets tes bras autour de mon cou et ta langue dans ma bouche. Nous restons ainsi quelques secondes pendant lesquelles je remonte ta jupe par-derrière et te caresse les fesses. Alors la jeune femme au regard sans mystère, à la coiffure sage, aux vêtements sans ostentation, la parente d'élève irréprochable, la fille affectueuse, la tante aimée, la mère attentive, la charmante voisine, la première levée, la dernière couchée, la reine des confitures de myrtilles, celle qui lave plus blanc, la championne du bigoudi, la faiseuse de bouquets ravissants, la buveuse d'infusions, la frotteuse d'argenterie, la traqueuse de poussière, la repasseuse de caleçons, la tireuse de leçons, la dresseuse de table fleurie, la parfaite maîtresse de maison, la passeuse de biscuits au fromage, la pianiste timide, la tricoteuse opiniâtre, la brodeuse de Vermeer, la lectrice de Guy des Cars, de Françoise Sagan, de Maurice Druon, de Françoise Dorin, de *Femme pratique*, la combineuse de vacances de rêve, la briqueuse de lavabos, l'arroseuse de plantes grasses, celle dont les placards sont toujours bien rangés, les tiroirs en ordre, les mouchoirs dans une boîte, les bijoux dans un coffret, les photos dans un album, les lettres entourées d'une faveur bleue, les comptes du ménage calculés à un sou près, le budget des vacances planifié un an à l'avance, l'achat de la nouvelle cuisinière couvert par une partie de la vente du landau anglais, la fidélité personnifiée, celle que j'ai connue vierge sortant du couvent, l'ange du foyer devient une créature du diable, brûlante, palpitante, ardente, succulente, exigeante, déchaînée, experte, cochonne, insatiable, impudique, obscène, geisha, salope, qui murmure des mots trop gros pour sa bouche, qui me supplie de lui dire ce que je lui fais et de lui faire ce que je n'ose pas lui dire et de lui décrire ce que je n'ose pas lui faire. Dans un miroir placé à la tête du lit comme par inadvertance, elle cherche le meilleur angle pour contempler nos deux corps soudés et luisants. Et elle me supplie encore de la prendre comme Emmanuelle dans l'avion, comme O à Roissy, comme la femme-biche par l'homme éléphant dans le *Kama Soutra*, comme Eugénie par Dolmancé dans *La Philosophie dans le boudoir*, comme Fanny Hill par Charles, comme Pierre Louÿs par Ricette, Lili Teresa et Charlotte, comme Léda par le Cygne.

En général, je me réveille avant la fin de ce rêve d'un phallocratisme dégoulinant. On a les fantasmes qu'on mérite. Les miens sont relativement simples. Je ne suis pas un compliqué. Rêver que sa femme est mère et putain, c'est banal pour un homme. Vous avez sans doute raison d'appeler cela une oppression, une servitude et un avilissement.

Mais moi je me dis : quand on mange du poulet, se pose-t-on la question de savoir si le poulet aime être mangé ?

Dans le fond, et tu le sais bien, je m'ennuierais avec la femme que je viens de décrire, mais tant d'hommes préfèrent s'ennuyer plutôt que d'avoir des ennuis !

Il y a un monde entre une femme qui travaille et une femme qui ne travaille pas. Pour un homme, c'est très emmerdant d'avoir une femme qui travaille s'il a une situation sociale lui permettant de la conserver au foyer. Lorsque, dans un couple, le travail de la femme n'est pas une nécessité, il devient un luxe. Un luxe parce qu'il rapporte au mari plus de soucis que d'avantages. Surtout si celui-ci, bien que gagnant convenablement sa vie, n'a tout de même pas les moyens de s'offrir une cuisinière, une femme de chambre et une nurse pour remplacer sa femme au foyer. Résultat, celles dont le travail est un luxe font comme celles qui travaillent par nécessité, une double journée de travail, veillant tard pour s'occuper du linge, de la cuisine et mettre de l'ordre dans la maison.

Le plus ennuyeux finalement pour le mari – s'il n'est pas trop salaud et s'il aime sa femme –, c'est de se sentir obligé de mettre la main à la pâte. Plus question de fourrer les pieds dans les pantoufles et de lire le journal, comme les maris classiques des dessins humoristiques ou comme celui de mon rêve.

Lorsqu'il rentre chez lui et que sa femme est partie à un rendez-vous important, termine un travail urgent ou doit assister à une quelconque réunion, le voilà contraint de baigner bébé, de lui raconter des histoires et lui donner sa pâtée. Contraint aussi de laisser derrière lui une cuisine propre et une salle de bains nette. C'est beaucoup demander parfois aux pauvres types surmenés, élevés dans le matriarcat judéo-chrétien que nous sommes.

Surtout si, lorsque vous rentrez, vous êtes fatiguées, soucieuses, culpabilisées parce que les enfants vous ont réclamées, que la maison n'est pas exactement comme elle serait si vous vous en étiez occupée. Vous vous lancez alors dans de grands travaux ménagers. Vous pleurez aussi, un peu, si par hasard nous vous faisons une réflexion maladroite. La soirée se termine mal, chacun remâchant ses griefs. Pas question de pâtisseries érotiques.

Et pourtant, le travail, c'est la seule façon de s'en tirer pour les femmes. Le travail, c'est le secret de votre liberté. J'en suis intimement persuadé. La libération de la femme commence par une vie professionnelle indépendante. Il n'y a pas à sortir de là. Tous les arrangements consistant à vouloir la maintenir comme « femme au foyer » en lui collant une ribambelle de gosses sont crapuleux. Tant pis pour moi ! Tant pis pour nous !

16

Éducation sexuelle, suite et fin

OH, CHIC ! UN GÂTEAU, C'EST L'ANNIVERSAIRE DE QUOI ?
DE CETTE NUIT INOUBLIABLE QUE NOUS AVONS PASSÉE ENSEMBLE IL Y'A 7 ANS
Wolinski

Je ne faisais pas souvent l'amour lorsque j'avais vingt ans, et lorsque je dis « pas souvent », cela veut dire « presque jamais ».

Nous avions quitté les Hautes-Alpes. Je ne connaissais personne à Paris. J'étais timide. Inexpérimenté, assez fauché. Je vivais dans l'appartement exigu de mes parents. Je n'aurais jamais osé proposer aux lycéennes avec lesquelles j'avais de courts flirts d'aller dans un hôtel. Elles auraient sans doute été choquées. Et puis quel hôtel ? Je ne savais pas qu'on pouvait aller dans n'importe lequel pour une heure, depuis les palaces jusqu'à l'hôtel de Sainte-Bernadette-de-Lisieux avec eau à tous les étages.

On s'embrassait dans les surprises-parties lorsque les parents, qui n'étaient jamais bien loin, tournaient le dos. On se serrait en dansant. Je me demande ce que les filles pensaient de cette bosse dure que nous trimballions entre nos jambes.

Rarement, car c'était cher pour moi, je me payais une prostituée. J'allais dans une rue chaude qui n'existe plus à Vincennes. Je passais et repassais. Sans conclure, parfois, si je ne trouvais pas la fille qui me convenait. J'étais plutôt attiré par celles qui n'avaient pas l'air trop putain.

Les lèvres très fardées, le style Viviane Romance, les robes fendues en satin noir ultra-courtes me rebutaient. J'aimais le genre bon genre. Le cœur battant à tout rompre, j'accostais la pauvre créature et d'une voix entrecoupée lui demandais son prix. C'était dix francs environ, ou quinze. Il fallait payer la chambre en plus. Je grimpais l'escalier de bois en lorgnant ses fesses. Dans la chambre, d'un sordide rassurant, je sortai mon billet préparé à l'avance. « Si tu me donnes un petit peu plus, je me déshabille », disaient-elles toujours. Je m'y attendais. J'avais un autre petit billet dans la poche. « C'est tout ce que tu as ? Tu ne veux pas qu'on reste un quart d'heure ? Je te sucerai bien. » Voyant mon embarras, elles n'insistaient pas. Elles enlevaient leur robe, gardaient leurs bas roulés par-dessus les bottes puis, en soutien-gorge et le cul celluliteux à l'air, me lavaient soigneusement un sexe pas très vaillant au savon de Marseille. Ensuite, elles me désignaient l'inévitable dessus-de-lit à fleurs sur lequel je m'étendais, gardant mes chaussettes lorsqu'elles n'étaient pas trouées.

Elles se fourraient mon sexe dans la bouche et m'infligeaient une fellation aussi énergique que distraite. Lorsque j'étais rigide, elles se couchaient, écartaient les jambes et me disaient d'une voix impatiente. « Alors, tu viens ? » Je venais. En trois coups de reins, c'était terminé, je déchargeais en soufflant dans leur cou. Ensuite, j'étais pressé de partir. Je me retrouvais dehors, une petite fatigue dans les jambes. Assez cafardeux, sans un sou sur moi. Il ne me restait plus qu'à rentrer à la maison.

Beaucoup d'hommes de mon âge ont connu cette misère sexuelle et, s'ils se sont mariés tôt, c'est bien souvent pour avoir à leur disposition une femme tous les soirs dans leur lit.

Comme s'il suffisait de dormir tous les soirs dans le lit d'une femme pour que les problèmes sexuels disparaissent !...

Si les femmes d'aujourd'hui, préoccupées de savoir qui sont les véritables bénéficiaires de la contraception, ont déjà oublié les milliers d'années où « il fallait prendre des précautions », moi, je me souviens de ces années empoisonnées par la peur d'avoir des enfants, des angoisses, des attentes, des désespoirs et des résignations. Ce n'est pas qu'on aime moins les enfants qu'on n'a pas désirés, mais c'est si bon de pouvoir choisir. Je n'avais jamais entendu parler de la pilule. Je n'étais pas encore assez décontracté pour oser faire le geste de mettre un préservatif devant une femme. Alors je déversais mon sperme dans un mouchoir que j'avais sournoisement préparé à cet effet et glissé sous le matelas.

Que de temps perdu ! Les jeunes gens d'aujourd'hui ne mesurent pas la chance qu'ils ont.

Le destin a fait que je me suis retrouvé veuf à trente ans. Au moment d'ailleurs où je commençais à être moins fauché, et où, aussi, la pilule faisait son apparition.

J'ai eu pas mal d'aventures. J'ai commencé à apprendre beaucoup de choses avec des femmes qui étaient des professeurs spirituels, attentifs et inventifs. Je fréquentais aussi les prostituées, car mes quêtes incessantes de célibataire n'étaient pas toujours couronnées de succès. Mais les prostituées que je pouvais m'offrir étaient aussi différentes des petites putains de Vincennes qu'une Ferrari d'une quatre-chevaux Renault.

Plus on paye une prostituée, moins elle a l'air de faire attention à l'argent qu'on lui donne. J'aimais bien ces filles. J'avais mes habitudes dans les bars de la rue Saint-Denis. Elles faisaient souvent leur travail avec une grande conscience professionnelle. Leurs clients n'étaient sans doute pas tous aussi faciles que je l'étais.

Ce qui est agréable, avec ce genre de femmes, c'est d'abord qu'elles sont prêtes à faire à peu près tout ce que vous voulez. Ensuite, vous n'avez pas l'obligation harassante et traumatisante, pour tout amant bien élevé, de provoquer en elles un orgasme extatique. Si tant d'hommes mariés fréquentent les prostituées, c'est qu'elles leur apportent ce qui leur manque souvent dans les rapports conjugaux souvent furtifs : la conscience professionnelle et le goût du travail bien fait.

Si je parle autant de ma sexualité, c'est certainement que j'y prends du plaisir. Peu importe si ce plaisir est sain ou malsain, le plaisir, c'est le plaisir. J'aime tout ce qui concerne le sexe, j'aime en parler comme j'aime en jouir. Je déplore de ne pas avoir pu consacrer plus de temps dans ma vie passée à faire des expériences amoureuses. Je déplore que nous n'ayons pas le temps ni le loisir de nous aimer mieux et plus souvent. Pris que nous sommes dans, comme on dit, le « tourbillon de la vie quotidienne ». Si j'ai le courage et l'impudeur d'avouer tout cela, c'est que je reste persuadé que c'est le lot de la plupart de mes concitoyens, quelle que soit la classe de la société à laquelle ils appartiennent.

Faire l'amour au moment où on en a vraiment envie et dans de bonnes conditions, c'est une aventure exceptionnelle. Un souvenir inoubliable.

Simenon, dans une récente interview accordée au *Playboy* français, avoue la faim de rapports sexuels qu'il eut toute sa vie. Il dit aussi : « J'approuve l'indépendance de la femme, mais il me reste toujours la nostalgie du couple, du vrai couple. Est-ce que le couple est voué à disparaître ? J'espère que je ne fais pas partie du dernier. »

Moi aussi. Car nous aussi, nous formons un vrai couple, avec des moments de bonheur extraordinaire.

Mais ton indépendance, l'indépendance de la femme signifie-t-elle la mort du couple comme semble le suggérer Simenon ? La mort d'un couple, cela ne veut pas dire forcément qu'il se sépare, mais qu'il se contente de peu.

17

Je ne veux pas mourir idiote

L'esthète de Mai : Mais enfin pourquoi cette violence ? Pourquoi ces barricades ?
L'étudiante : Parce que votre monde est trop bête !
L'orateur : Vous croyez pouvoir le changer ?
L'étudiante : Pourquoi pas ?
L'esthète de Mai : Ma pauvre enfant, comment allez-vous vous y prendre ?
L'étudiante : En éduquant ceux qui sont éducables, en laissant mourir ceux qui sont inéducables, en tuant ceux qui veulent nous éduquer.
L'esthète de Mai : Vous dites n'importe quoi !
L'étudiante : Il vaut mieux dire n'importe quoi que fermer sa gueule ! Il vaut mieux faire n'importe quoi que se résigner.

Extrait de la pièce de théâtre :
Je ne veux pas mourir idiot

VOUS NE SAVEZ PAS CE QUE VOUS VOULEZ !
EN ATTENDANT DE SAVOIR CE QUE NOUS VOULONS, NOUS SOMMES EN TRAIN DE FAIRE LA LISTE DE TOUT CE QUE NOUS NE VOULONS PLUS
Wolinski

En mai 68, je contestais la société. En réponse à ceux qui nous disaient, effarés, indignés et anxieux – « Mais vous voulez tout casser, et vous ne savez même pas par quoi remplacer cette société qui vous déplaît tant ! » –, je ricanais, j'exigeais le droit de savoir ce que je ne voulais pas et de ne pas savoir ce que je voulais.

Je me retrouve dix ans après vis-à-vis des femmes dans la situation du libéral sympathisant, amusé, agacé, effrayé, compréhensif et sceptique à la fois.

Lorsque je vous demande à toi et à d'autres par quoi vous voulez remplacer les relations actuelles entre hommes et femmes, lorsque je t'interroge pour savoir si le féminisme débouche sur autre chose qu'un réformisme à la portée de l'intelligence et de la démagogie d'un président de la République ou de n'importe quel parti politique, vous me paraissez peu sûres de vous. Lorsque je vous dis qu'en toute logique, le féminisme dans la société d'aujourd'hui ne peut mener qu'à la désagrégation du couple, vous me répondez : « Oui, tu as raison. » Il existe peut-être des théories, des utopies où les femmes ont réfléchi à une société idéale, non seulement pour elles – comme dans *Les Bergères de l'Apocalypse* de Françoise d'Eaubonne, où, telles des amazones, elles nous massacrent tous, la science leur ayant donné le moyen de faire des enfants autrement qu'avec notre concours – mais aussi pour nous.

Des sociétés justes dont le modèle pourrait servir de base à une réflexion, une sorte d'« An 01 » des femmes où, comme l'a écrit Gébé, on arrêterait tout, on réfléchirait, et ça ne serait pas triste.

Je sais que vous avez du retard, qu'il faut parer au plus pressé et qu'il est plus urgent d'organiser « S.O.S. femmes battues » que « S.O.S. femmes rêveuses », mais il faudra bien que vous vous y mettiez, à l'imagination, à l'utopie, au lieu de perdre votre temps à nous critiquer stérilement et à nous regarder dans le blanc des yeux.

Les hommes, pendant ce temps, cherchent et expérimentent parfois avec un succès inégal des sociétés plus justes que la nôtre. Je pense à la Chine. Les femmes n'y étaient que des poupées ou des bêtes de somme. Le maoïsme leur a rendu la dignité en leur permettant d'unir leurs forces à celles des hommes et de transformer le pays. Afin de les aider dans cette noble tâche, il les a enlaidies autant qu'il a pu, uniformisant leurs coiffures et leurs habits. Réduisant, d'après ce que j'ai pu en lire, la sexualité au minimum, les jeunes couples n'ayant pratiquement pas le droit à une vie en commun, les liaisons extra-conjugales étant rendues quasiment impossibles. Je ne fais là que répéter ce que j'ai lu.

Je ne suis pas allé en Chine. Je veux bien croire ceux qui nous racontent que la vie n'y est pas folichonne. La justice est rarement folichonne. La justice est chiante. Il n'y a que la liberté qui soit folichonne. Le seul témoignage optimiste que j'ai lu sur la Chine est celui d'un journaliste qui écrivait dans *Libération* qu'il avait vu des jeunes gens et des jeunes filles se caresser mutuellement dans un cinéma de banlieue de je ne sais quelle ville chinoise. C'était en 1977. Lorsque les fourmilières humaines commencent à se branler, c'est bon signe. Mais tout cela, est-ce bien le féminisme ? Les Chinoises ne sont pas plus malheureuses que les hommes. Mais sont-elles heureuses ? Je ne vois pas beaucoup de femmes parmi les vieux types souriants qui reçoivent les personnalités. En revanche, il y en a beaucoup qui agitent gracieusement des guirlandes et des fleurs.

Mon ami le dessinateur Willem est allé en Autriche visiter le centre de la communauté AA. Il en a rapporté un reportage pour *Charlie-Hebdo* qui a paru en mai 1977. Qu'est-ce que les communautés AA ? Des hommes et des femmes qui ont décidé de se libérer de la famille. La famille est, selon eux, la source des maux de toute l'humanité. Les pères ne demandent qu'à faire la guerre pour lui échapper, et la mère opprimée transmet sa haine aux gosses, qui deviennent communistes, fascistes, ou capitalistes dans le meilleur des cas.

La libre sexualité, la propriété commune, l'éducation collective des enfants, et le *Selbstdarstellung* (littéralement : « représentation de soi ») sont les principes appliqués par cette secte. Libre sexualité, cela veut dire que les membres de la communauté peuvent baiser avec n'importe quel autre membre, quand et où ils veulent.

J'oubliais de dire que hommes et femmes ont le crâne rasé et portent les mêmes vêtements de travail camouflant les formes.

Le *Selbstdarstellung* est une sorte de psychanalyse de groupe. Tous les soirs, on se met en cercle et on se laisse aller à tour de rôle. Un « guide » et un fond musical vous aident. Nous adorons nous raconter. C'est bien connu, et les stations de radio exploitent déjà le filon. Le sexe plus la possibilité de s'exprimer assurent à l'AA une solide clientèle de « frustrés ».

Sur le papier, tout cela paraît logique. Imaginons ces théories étendues à un pays grand comme la France. Nous aurions le maoïsme plus le sexe. Intellectuellement, c'est inattaquable. Humainement, c'est invivable.

18

Les féministes

Et l'ennemi, c'est l'homme ? Non. L'ennemi, c'est le borné, le préjugé, le bête, le sûr, les crédos coupés cintrés. Et cet ennemi-là ne porte pas, hélas, que des costards et des pompes taille 44.

Sylvie Caster, *Charlie-Hebdo.*

DIS MOI QUE TU M'AIMES. SINON, JE N'ARRIVERAI PAS À TE VIOLER
WOLINSKI

Je n'aurais pas aimé vivre avec une femme asservie et dominée, pleine d'une admiration sournoise et craintive pour le seigneur et maître.

La compagne idéale, c'était un peu, pour moi, le personnage de Myrna Loy dans les vieilles comédies policières où William Powell jouait les séducteurs. Sophistiquée, ironique, se saoulant avec élégance, la mèche sur l'œil, faisant un tas de bêtises. Mais, bien sûr, je la sortais toujours des plus mauvais pas et elle me sauvait la vie en abattant le meurtrier avec un automatique à crosse de nacre qu'elle sortait de son réticule en perles.

Le féminisme m'a pris au dépourvu. Je croyais mon attitude vis-à-vis des femmes irréprochable. Je me suis aperçu que, malgré toute l'estime, l'amour, la considération et l'admiration que je leur porte, je restais au fond de moi-même un sale phallocrate. Si je trouvais tout à fait normal de n'être pas dominateur, je refusais d'être dominé.

C'est toujours avec un certain malaise que j'ai pu observer, dans l'ombre de femmes exceptionnelles par leur intelligence et leur beauté, leurs compagnons écrasés jouant d'une façon dérisoire et qui ne trompe personne les éminences grises, les égéries mâles ou les carpettes. Les femmes comme toi, passionnément féministes et dont on ne peut mettre en doute l'évidente sincérité, ont vite été dégoûtées par le comportement de celles qui se servent du féminisme comme tremplin, thérapie ou instrument de puissance.

Sur le palier, je sentais déjà l'odeur des cigarettes. Tu ne supportes pas l'odeur des cigarettes mais tes amies féministes fumaient. Alors tu ne disais trop rien, quitte à aérer furieusement après leur départ. Moi, je me retranchais dans mon bureau lorsque vous étiez rassemblées dans le living à commenter les dernières actualités concernant les femmes ou à fabriquer votre journal. J'étais, je l'avoue, vaguement intimidé, hésitant à sortir pour me rendre aux toilettes. Si le téléphone sonnait et que c'était pour toi, j'étais bien obligé de passer la tête après avoir frappé à la porte. La conversation s'arrêtait à peine. Pas une ne faisait attention à moi, ni même ne levait les yeux sur moi.

Lorsqu'une femme pénètre dans une pièce ou dans un bureau où plusieurs hommes travaillent, c'est un moment de récréation. On regarde ses seins lorsqu'elle s'avance. On lorgne ses fesses lorsqu'elle s'éloigne. Si on la connaît, on se lève pour l'embrasser ou serrer délicatement le bout de ses doigts fuselés. Elle lance : « Quelle tabagie ! » ou : « Vous n'avez besoin de rien ? ». Moi, pauvre type, au milieu de ces féministes, j'étais complètement ignoré. Je balbutiais : « Maryse, c'est Nicole au bout du fil », et je fuyais lâchement. J'avais l'impression d'être un Palestinien pro-irakien pénétrant par inadvertance dans une pièce où des Palestiniens pro-syriens préparent leur prochaine attaque d'ambassade, ou vice versa.

Je représentais l'homme, le chef de famille, le violeur, l'oppresseur, le conservateur phallocrate dont votre journal ne se lassait pas de dénoncer les actes rétrogrades et répréhensifs. À cela s'ajoutait sans doute une réserve qu'ont souvent les femmes vis-à-vis des hommes lorsqu'elles sont ensemble. Craignent-elles le regard de leur voisine guettant le moindre signe d'une frivolité louche ?

Les spectacles féministes auxquels nous avons assisté ensemble, moi mi-résigné mi-curieux, me parurent assez attristants. Mal assis dans des salles surpeuplées, j'écoutais des femmes bramer leur joie d'être enfin libres de parler de leurs règles et de leurs accouchements. Depuis vingt ans, je collabore au journal *Hara-Kiri*, où les plaisanteries sur les Tampax sont devenues traditionnelles. Toute ma vie j'ai lutté contre les tabous, quels qu'ils soient. Pourtant, ce déballage bizarre me semblait correspondre à l'attitude des enfants qui prononcent avec délectation les mots « pipi, caca », et je ne me sentais pas concerné.

Certes, leur condition de ménagère, d'épouse, de mère de famille, d'objet sexuel, m'a paru pendant fort longtemps comme allant de soi, leur subordination à l'homme comme naturelle. Ce n'est pas si facile de lutter contre le martèlement des situations conventionnelles proposées non seulement par le spectacle de la vie quotidienne mais également par la littérature et l'audiovisuel.

Vous vous éloignez des archétypes : la femme secrétaire parfaite, dévouée, efficace, celle dont on dit : « Elle m'est indispensable » et qui en plus a de longues jambes gainées de soie sous la jupe stricte, de beaux yeux derrière ses lunettes, de l'humour sous le chignon dont pas un cheveu ne dépasse, et du mystère sous le chemisier boutonné haut. L'infirmière nue sous sa blouse qui passe les ciseaux au chirurgien velu comme un singe avant de se faire trousser en copain après quatre heures d'épuisante intervention. La compagne du peintre dévoré par le génie et l'alcoolisme, qui essuie ses coups et ses dégueulis sans broncher. Et dès que vous n'êtes plus ces femmes-là, dès que vous refusez de passer votre main fraîche sur notre front brûlant, de tâter nos biceps en remarquant : « Comme vous êtes fort », dès que vous prenez un air revêche lorsque nous prenons un air lubrique, dès que vous nous imposez vos heures, vos fantaisies ou plutôt votre manque de fantaisie pour faire l'amour, il se passe une chose dramatique pour l'homme : il bande mal.

Un homme normal a besoin d'admiration et de ferveur pour bander. Il a besoin de penser que sa partenaire contemple son érection comme un supporter son idole. Un homme désire que sa femme soit une fan de lui. Si elle est indifférente, ironique ou simplement pressée, il le ressent comme une injustice. Il se sent frustré. Il a même envie de la battre ou de pleurer dans son coin.

Les femmes connaissent l'importance de ce mécanisme ridicule. C'est notre point faible, et elles le savent. Celles qui possèdent la technique pour bien faire bander un homme restent rarement veuves longtemps. Je parle, bien sûr, de l'homme de notre société libérale avancée. Je ne parle pas du macho brutal des pays latins ou africains, qui prend son plaisir en solitaire sans s'occuper de celui des pauvres créatures qu'il tourmente.

Nous autres, Occidentaux décadents, nous avons eu la faiblesse de laisser nos femmes découvrir l'orgasme. Peu à peu, l'orgasme est devenu la chose importante ; l'acte d'amour tourne autour de lui. Nous nous efforçons de faire monter en vous le désir, puis le plaisir, en une savante gradation. Chacun a son scénario, ses petits trucs, ses bricolages. Et ne pas faire jouir sa femme est de la dernière incorrection. Les éjaculateurs précoces vivent dans une terreur coupable. Les maladroits, les brutaux, les bâcleurs sont marqués en rouge sur les listes noires.

Les féministes sont qualifiées de mal-baisées. C'est souvent vrai, les pauvres chattes ! Mais ceux qui risquent le plus d'être mal baisés, ce sont les mâles. Les violeurs de femmes sont certainement des individus qui se sentent incapables de faire bonne figure devant ces luronnes aux seins gigoteurs et à la croupe musclée qui arpentent les trottoirs et foudroient du regard le dragueur.

Après la contraception et l'avortement, il y a eu la période « viol » à la maison. Il fallait bien se recycler. Le viol, c'est comme tuer. En dehors des guerres, cela ne se fait pas. Tous les hommes ont des fantasmes de viol. J'en ai aussi, je l'avoue. La femme dévêtue, attachée, livrée, obligée de se soumettre, l'esclave enchaînée, ruisselante, quel homme n'en a pas rêvé un jour ou l'autre ? Ce qui montre bien à quel point nous sommes fragiles et effrayés par votre liberté. Les affaires de viol ont envahi les journaux et autres moyens de communication. Les pères indignes, les sous-offs en goguette, les bandes de voyous, les détourneurs de mineures se sont vu condamner à des peines sévères sous l'œil d'une opinion publique plutôt indignée qu'on fasse tant de bruit pour si peu. Car, c'est connu, une fille « bien » ne se fait pas violer. Les violées sont toujours des auto-stoppeuses ou des « qui vont au bal », ou encore des filles d'alcooliques. Pour se faire violer, il faut bien l'avoir un peu cherché, pense la majorité silencieuse qui connaît la vie.

Nous avons hébergé plusieurs fois une jeune fille dont le mouvement « Choisir » assurait la défense. Tu as publié d'ailleurs dans le journal du mouvement une photo étonnante : celle de la classe communale où la future victime, à l'âge de six ans, vêtue d'un tablier attendrissant, est entourée des garnements qui allaient devenir ses violeurs. Au moment du procès, la pauvre fille était devenue la tête de Turc des gens de son village. Pourquoi avait-on fichu trois petits gars du pays en prison pour cette « peccadille » ? Les avocates eurent du fil à retordre avec les tribunaux, la pauvrette avait l'air un peu trop sournoise. Ce qui n'était pas une raison pour la violer.

Les deux jeunes Belges victimes de connards méditerranéens passèrent aussi à la maison. Elles étaient plutôt mignonnes. Elles ont dormi dans la chambre d'une de nos filles en vacances. Je me sentais gêné comme si j'étais complice des voyous qui les avaient molestées puis violées. Les sachant à la salle de bains, je n'osais pas sortir de ma chambre de peur de les croiser dans le couloir. Après un moment, je décidai d'aller à la cuisine et, en passant, je jetai tout de même un regard par la porte entrebâillée.

L'une d'elles était étendue sur le lit, son peignoir ouvert laissait apercevoir une très jolie jambe nue.

Tu as été indignée lorsque à l'occasion de leur procès, un hebdomadaire de droite a raconté leur viol et révélé, comme si c'était une circonstance atténuante pour leurs violeurs, qu'elles semblaient avoir eu, après s'être défendues violemment, une attitude plus amicale.

« Qu'auraient-ils préféré ? Qu'ils les tuent ? » t'es-tu exclamée à la lecture de cet article. Mais tu as ajouté une phrase qui m'a laissé rêveur : « Finalement, dans ce genre de situation, on sait comment notre corps peut réagir.»

C'est curieux. Je pouvais facilement concevoir qu'un homme ait des rapports et une jouissance avec une femme qui lui répugne. Je n'aurais jamais pensé qu'il pouvait en être de même pour une femme. Je t'imaginai tout de suite violée devant moi par des inconnus pendant qu'on me mettait le couteau sous la gorge, et toi tu ne pouvais visiblement pas empêcher ton corps de «réagir». Quel cauchemar pour un jaloux!

19

Conclusion

Maryse et Georges
Maryse est Georges
Georges est Maryse
Georges et Maryse

Georges à Maryse
Maryse a Georges
Georges a Maryse
Maryse à Georges

Maryse c'est Georges
Georges sait Maryse
Maryse sait Georges
Georges c'est Maryse

QUE PENSES-TU DE MA LETTRE ?
C'EST CUCUL
C'EST RISIBLE
C'EST RÉTRO
À PART ÇA, C'EST BIEN TOI
WOLINSKI

Pourquoi t'ai-je écrit cette lettre ouverte ? Sans doute parce que j'ai atteint l'âge où l'on aime faire le point. Je ne suis plus jeune. Je ne suis pas vieux. Il me reste pas mal de belles années dont je compte bien profiter autant que je pourrai. Tu es inséparable de ces années, et j'en suis fort heureux.

Si tu étais un peu plus hypocrite, comédienne et soumise comme la plupart des femmes sont obligées de l'être, cela me faciliterait l'existence. Mais tu ne me fais pas de cadeaux. Ton œil est implacable, ton ouïe infaillible, impossible d'être, en face de toi, faible ou lâche, malhonnête ou brutal, ou encore d'avoir les ongles pas très nets. Tu es vraiment la femme qu'il me fallait parce que je n'ai pas de volonté et que, grâce à toi, j'ai l'air d'en avoir. Seul, j'aurais traîné toutes les nuits dans les bars. Je serais devenu gros, sale et alcoolique. Je crois que tout ce que les hommes font de bien, ils le font pour essayer d'épater leur femme. Heureusement qu'elles existent !

Mais cela devient de plus en plus difficile de les épater. Car elles jettent sur nous ce terrible regard qui nous effraie par sa lucidité. Et elles prouvent tous les jours qu'elles savent tout faire aussi bien que nous. Il est certain que nous sommes à une époque où de nouveaux rapports sont en train de se créer pour le couple. Les mœurs et les habitudes de vie ont plus changé ces dix dernières années qu'en cent ans. J'ai passé ma jeunesse au milieu des tabous, et pourtant j'avais des parents ouverts et affectueux. Les mères actuelles accordent à leurs filles des libertés que leurs mères n'auraient même pas imaginées. Nous vivons dans une période charnière où les valeurs bourgeoises s'effondrent et où, cahin-caha, nous avançons vers un socialisme inéluctable.

Au milieu de ce bouleversement où les femmes émues découvrent les joies de la sororité et redécouvrent, adultes, les amitiés d'adolescentes, où les maîtres d'hôtel, vite blasés, ne s'étonnent plus de voir des femmes goûter le vin dans les repas d'affaires, où les femmes promoteurs président les conseils d'administration cigare au bec, l'homme reste tout de même, comme l'or, la valeur-refuge.

Être féministe, c'est bien, c'est normal ; c'est à la mode et c'est chic. Mais être seule dans la vie, cela reste une tare, un sujet de moquerie et un problème angoissant pour les femmes. Vous avez besoin de nous, j'en suis persuadé, comme nous avons besoin de vous. Mais vous, vous avez surtout besoin de faire des gosses, et ces gosses, plus que nous, vous enchaînent. Réfléchissez-vous vraiment à ce problème au lieu de comptabiliser les griefs dont vous nous rendez trop facilement responsables ? Quand refuserez-vous d'être des pondeuses ?

Nous sommes comme des professeurs soudain chahutés. Notre autorité en prend un coup. Certains ne le supportent pas. D'autres sont trop complaisants et en rajoutent jusqu'à la veulerie. D'autres enfin, dont je fais partie, du moins j'espère, préfèrent être aimés qu'obéis, estimés que craints, et demandent simplement un minimum d'égards, de gentillesse et de compréhension.

Finalement, nous sommes assez fiers d'avoir des femmes féministes. Elles sont pour nous un label d'intelligence et d'ouverture d'esprit. Je suppose que certains Romains devaient affranchir leurs esclaves pour des raisons similaires. J'ajouterai que le féminisme, après tout, vous occupe, vous donne du travail – un travail que vous n'enlevez pas aux hommes. Vous écrivez des bouquins dans lesquels vous dites ce que vous pensez de nous. Vous faites des journaux sans mode pour que l'on vous prenne au sérieux. Vous luttez, vous manifestez, vous vous agitez, vous vous indignez. Vous vous moquez de nous. Oui, cela vous occupe. Et vous évite peut-être de penser et de réfléchir à la société que vous aimeriez. Et à toutes les barrières de préjugés que vous trimballez. Réfléchissez à ce que veut dire vraiment une société de femmes où les hommes et les femmes partagent également les tâches et dites-moi si c'est ce que vous recherchez.

Le féminisme comme l'écologie rassemble des gens de tous les bords. Comme l'écologie, il ne signifie rien sans le pouvoir politique et l'influence qu'il peut avoir sur lui. Comme l'écologie, il est générateur d'espoir devant la prise de conscience qu'il indique et de désespoir devant l'ampleur du problème à résoudre.

Les femmes sont injustement traitées sur notre planète. Elles sont mutilées, asservies, considérées comme des pondeuses et des bêtes de somme.

Je les ai vues trimer dans le désert pendant que les hommes buvaient le thé à la menthe, assis à l'ombre. J'ai vu pratiquement la même chose sous le ciel gris parisien ou dans nos campagnes.

Oui, tout cela doit changer. Je compte sur toi et tes petites amies. Le phallocrate que je suis a le cœur serré en pensant à toutes ces femmes malheureuses qui n'ont pas la chance d'avoir un mari aussi gentil que le tien.

Table

DU MÊME AUTEUR

Histoires lamentables
Éditions Hara-Kiri, 1965

Ils ne pensent qu'à ça
Denoël, 1967

Je ne veux pas mourir idiot
en collaboration avec Claude Confortès
Denoël, 1968

Hit Parade
Denoël, 1969

Je ne pense qu'à ça
3 tomes
en collaboration avec Claude Confortès
J.-J. Pauvert, 1969-1972

Il n'y a pas que la politique dans la vie
Denoël, 1970

La vie compliquée de Georges le tueur
Éditions du Square, 1970

Paulette
7 volumes
en collaboration avec Georges Pichard
Éditions du Square, 1971-1984
rééd. en un volume, Albin Michel, 1998

On ne connaît pas notre bonheur
Éditions du Square, 1972

Il ne faut pas rêver
Éditions du Square, 1974

Les Français me font rire
Éditions du Square, 1975

Giscard n'est pas drôle
Éditions du Square, 1976

C'est dur d'être patron
Éditions du Square, 1977

Cactus Joe
Éditions du Square, 1977

Lettre ouverte à ma femme
Albin Michel, 1978

Mon corps est à elles
Éditions du Square, 1979

J'étais un sale phallocrate
Albin Michel, 1979

À bas l'amour copain
Albin Michel, 1980

Ah, la crise !
Albin Michel, 1981

Ils vont tout casser !
Albin Michel, 1981

Pensées
Cherche-Midi, 1981 et 2015

La Divine Sieste de papa
avec Maryse Wolinski
La Farandole, 1981 et 1987

Tout est politique
Scandéditions-Temps actuels, 1981

À gauche toute !
Scandéditions-Temps actuels, 1982

C'est pas normal
Dargaud, 1982

La Bague au doigt
Albin Michel, 1982

Junior
Albin Michel, 1983

Aïe
Albin Michel, 1984

Le Bécoteur
Journal intime d'un lycéen qui ne pensait qu'à ça
Belfond, 1984

Coups de crayon
Albin Michel, 1985

On a gagné !
Messidor, 1985

Tu m'aimes ?
Albin Michel, 1985

Je cohabite
Denoël, 1986

Le Programme de la droite
Denoël, 1986

Bonne année
Denoël, 1987

Gaston la bite
Denoël, 1987

Faux bijoux
Fondation Cartier, 1988

Il n'y a plus d'hommes
Flammarion, 1988

Plus on en parle, moins on le fait
Flammarion, 1989

Arles, croquis, danse !
Aubier, 1990

Tout va trop vite !
Flammarion, 1990

Elles ne pensent qu'à ça !
Albin Michel, 1991

J'hallucine !
Flammarion, 1991

Les Socialos
10 ans de pouvoir et 400 dessins
Albin Michel, 1991

Vous en êtes encore là, vous ?
Albin Michel, 1992

La Morale
Cherche-Midi, 1992
rééd. Hors collection, 2007

Le Bal des ringards
Albin Michel, 1993

Dis-moi que tu m'aimes !
Albin Michel, 1993

Les Cocos
Mille et une nuits, 1994

Enfin, des vrais hommes !
Albin Michel, 1994

Scoopette
La nympho de l'info
Albin Michel, 1994

Il n'y a plus de valeurs !
Albin Michel, 1995

Nous sommes en train de nous en sortir
Wolinski à Paris-Match
Albin Michel, 1995

Sacré Mitterrand !
Albin Michel, 1996

Sexuellement correct
Albin Michel, 1996

Cause toujours
Albin Michel, 1997

Fais-moi plaisir
Albin Michel, 1997

Monsieur Paul à Cuba
Albin Michel, 1998

Vos gueules les femmes !
Les 500 petites phrases qu'on voudrait
ne plus jamais entendre
Albin Michel, 1997

Trop beau pour être vrai !
Albin Michel, 1998

Pauvres chéries !
Albin Michel, 1999

Sales gosses
Albin Michel, 1999

Journal d'un jeune homme qui ne pensait qu'à ça
Cercle, 2000 et 2005

Mes aveux
Cherche-Midi, 2000

Salut les filles !
Albin Michel, 2000

Le Sens de l'humour
Albin Michel, 2000

Pauvres mecs
Albin Michel, 2001

Tout est bon dans l'homme
Albin Michel, 2001

Les Droits de la femme (et de l'homme)
Cherche-Midi, 2002

Le Meilleur de Wolinski
Albin Michel, 2002

Les Secrets d'un couple heureux
Albin Michel, 2003

Demain il fera jour
Albin Michel, 2004

Les Humanités
Temps des cerises, 2004

De l'argent !
Jacob-Duvernet, 2005 et 2009

Dialogues de sourds
Cherche-Midi, 2005

Une vie compliquée
Albin Michel, 2005

Carnets de voyage
Albin Michel, 2006

C'est la faute à la société…
Albin Michel, 2006

Cause toujours
Albin Michel, 2007

Merci Hannukah Harry
Le premier polar populaire
(en collaboration avec Barkats)
Jungle, 2007

Défense de fumer
Cherche-Midi, 2008

La France se tâte
Glénat, 2008

Les femmes sont des hommes comme les autres
Drugstore, 2009

Pitié pour Wolinski !
Drugstore, 2010

La Sexualité des Français
Drugstore, 2010

Le pire a de l'avenir
Cherche-Midi, 2012

Vive la France !
Seuil, 2013

Mes années 70
Les Échappés, 2014

Le Village des femmes
Seuil, 2014

Le bonheur est un métier
Glénat, 2016

RÉALISATION : IGS-CP À L'ISLE-D'ESPAGNAC
IMPRESSION : CPI FRANCE
DÉPÔT LÉGAL : NOVEMBRE 2016. N° 134754 (3019452)
IMPRIMÉ EN FRANCE